ファーストステップ 簿記3級問題集

孔 炳龍 [著]

創 成 社

まえがき

　本問題集は，簿記をはじめて学習する方を対象に，複式簿記の基本をその仕組みから平易に解説し，確実に体系的理解ができるように工夫して執筆したものである。

　簿記の学習においては，習うよりも慣れろといわれることもあるが，簿記の基本を着実に理解し，基礎から応用まで学ぶことにより，複式簿記の体系的理解が進むと思われる。

　そのために，本問題集では，はじめに簿記の基本を平易にわかりやすく説明し，読者が複式簿記の基礎から応用へと順次進むことができるように工夫している。

　本問題集では，各章のはじめに，その章のエッセンスをまとめており，まず，読者が各章で，何を学ぶべきかを明らかにしている。このエッセンスを理解し，問題を解くことによって，さらに複式簿記の理解力が増すことであろう。

　後半には，総合問題が設定されており，複式簿記の基本を理解した読者には，実力を試す良い機会になるかと思われる。複式簿記は，筆者の考えでは，一般意味論と深い関係があると思われる。諸経済事象を複式簿記で処理する（仕訳・転記など）過程において，多くの特性が捨象されていくのである。そこで，複式簿記では，小書き，摘要，注記，補助簿などで，失われた特性を補っているのである。筆者が執筆している，一般意味論から読み解く簿記原理の著書も合わせて学習されると，より複式簿記の基本的仕組みを理解することが容易になることであろう。

　本問題集により，読者諸兄が簿記に関心をもち，その体系的理解と実力養成に役立つことができれば，筆者の望外の喜びである。

　なお，本問題集では，地名を用いた会社名（駿河商店など）が用いられているが，実際の会社名ではないことをここに付記する。

令和 5 年 6 月

孔　炳龍

目　次

序章 簿記の意義

【問題1】　次の空欄に必要な語句を記入して埋めなさい。

　簿記の主な目的は，以下の3つに要約することができる。

①日常の企業の経営活動にともなう当該企業の財産の変動を組織的に記録することによって，当該企業の（　　　　　）に役立てる。

②一定期間における企業の（　　　　　）を明らかにする。

③一定（　　　　　）における企業の（　　　　　）を明らかにする。

【問題2】　次の空欄に必要な語句を記入して埋めなさい。

　簿記は，記帳方法などの違いによって単式簿記と①（　　　　　）簿記に分けられる。

　②（　　　　　）簿記は，現金，債権，債務，仕入，売上など経営活動から生じるすべての変動と原因を③（　　　　　）の原理によって組織的に記録・計算するものである。複式簿記はまた，それが使用される業種によって，商品販売業やサービス業で用いられる④（　　　　　）簿記と，製造業で使用される⑤（　　　　　）簿記などに分けられることもある。

簿記の基本概念（1）

1．資産とは，企業が経営活動をおこなうために所有する現金・商品・建物などの財貨や，取引先の企業に対する現金の貸付けなどの債権などをいう。

2．負債とは，企業が経営活動をおこなうために，商品を掛で仕入れたり，銀行などから現金を借りたりした場合の債務などをいう。

3．純資産（または資本）とは，資産から負債を差引いた差額をいう。

4．資産の例

　　①現金：硬貨や紙幣など，②預金：銀行預金など，③商品：販売する目的で保有している物品，④備品：使用する目的で保有する机やパソコンなど，⑤土地：店舗や駐車場などの敷地，⑥売掛金：商品を掛で販売したときの未収代金，⑦貸付金：他者に金銭を貸付け，後日回収する権利，⑧建物：店舗や倉庫および事務所などの建築物，⑨車両運搬具：商品の配達や集金などのために使用する自動車など

5．負債の例

　　①買掛金：商品を掛で仕入れたときの未払代金，②借入金：他者から金銭を借入れ，後日返済しなければならない義務

6．純資産（または資本）の例

　　純資産（または資本）の例として資本金や繰越利益剰余金がある。

7．純資産等式（または資本等式）

　　資産－負債＝純資産（または資本）

8．貸借対照表

　　貸借対照表は，企業の一定時点における財政状態を表わす計算書である。

9．貸借対照表等式

　　資産＝負債＋純資産（または資本）

【問題 1】　次のうち，資産に属するものは A，負債に属するものは L，純資産（資本）に属するものは C，それ以外に属するものは O と（　）の中に記入しなさい。

(1) 現　　金（　　　　）　　(2) 売 掛 金（　　　　）　　(3) 借 入 金（　　　　）

(4) 買 掛 金（　　　　）　　(5) 資 本 金（　　　　）　　(6) 商　　品（　　　　）

(7) 受 取 利 息（　　　　）　　(8) 貸 付 金（　　　　）　　(9) 当 座 預 金（　　　　）

【問題 2】　次の資料から，それぞれの（　）内の金額を計算しなさい。

(1)　売　掛　金　¥ 80,000　　買　掛　金　¥ 100,000　　備　　　品　¥ 150,000

　　借　入　金　¥ 200,000　　現　　　金　¥ 250,000　　資　本　金　（　　　　）

　　繰越利益剰余金　　¥ 20,000

(2)　現　　　金　¥ 60,000　　貸　付　金　¥ 60,000　　建　　　物　¥ 300,000

　　買　掛　金　¥ 45,000　　借　入　金　¥ 70,000　　資　本　金　（　　　　）

　　繰越利益剰余金　　¥ 30,000

(3)　現　　　金　（　　　　）　買　掛　金　¥ 50,000　　備　　　品　¥ 200,000

　　土　　　地　¥ 40,000　　売　掛　金　¥ 80,000　　資　本　金　¥ 600,000

　　当　座　預　金　¥ 90,000　　建　　　物　¥ 150,000　　繰越利益剰余金　　¥ 50,000

【問題 3】　次の資料により駿河商店（㈱）の令和○年 1 月 1 日設立時の貸借対照表を作りなさい。

　　現　　　金　¥ 60,000　　当座預金　¥ 150,000　　売 掛 金　¥ 68,000

　　貸 付 金　¥ 150,000　　土　　　地　¥ 100,000　　買 掛 金　¥ 48,000

　　借 入 金　¥ 200,000

貸借対照表

（借方）（　　）商店		令和○年　月　日	（貸方）
資　　産	金　　額	負債および純資産	金　　額

【問題 4】　次の資料により駿河商店（㈱）の令和○年 12 月 31 日現在の貸借対照表を作りなさい。
　　　　　なお，期末の純資産は，期首の純資産と繰越利益剰余金で表わしなさい。なお，期首
　　　　　の資本金は問題 3 を参照せよ。また，会計期間中に資本金の変動は生じていない。

　　現　　　金　¥ 80,000　　当座預金　¥ 200,000　　売 掛 金　¥ 98,000

　　貸 付 金　¥ 200,000　　土　　　地　¥ 150,000　　買 掛 金　¥ 58,000

　　借 入 金　¥ 150,000

貸借対照表

(借方)（　）商店		令和○年　月　日		（貸方）
資　　産	金　　額	負債および純資産	金　　額

【問題5】 駿河商店（株）の令和○1年1月1日の資産・負債・純資産（問題4の前年度期末の状態と同じ）と令和○1年12月31日の資産および負債は，それぞれ次のとおりである。よって，期末（12月31日）の貸借対照表を作成しなさい。なお，会計期間中に資本金の変動は生じていない。

1月1日　　現　　金　¥80,000　　当座預金　¥200,000　　売 掛 金　¥98,000

貸 付 金　¥200,000　　土　　地　¥150,000　　買 掛 金　¥58,000

借 入 金　¥150,000

12月31日　現　　金　¥100,000　　当座預金　¥250,000　　売 掛 金　¥128,000

貸 付 金　¥240,000　　土　　地　¥160,000　　買 掛 金　¥28,000

借 入 金　¥130,000

貸借対照表

(借方)（　）商店		令和○1年　月　日		（貸方）
資　　産	金　　額	負債および純資産	金　　額

簿記の基本概念（2）

第2章

1. 収益とは，企業の経営活動の結果として純資産（または資本）を増加させる原因をいう。
2. 費用とは，企業の経営活動の結果として純資産（または資本）を減少させる原因をいう。
3. 収益の例
    ①商品売買益：商品の売価と原価との差額，②受取手数料：商品売買の仲介などで受取った手数料，③受取地代：土地を貸して受取った地代，④受取利息：預金や貸付金などで受取った利息
4. 費用の例
    ①給料：従業員に支払った給料，②広告料：新聞や雑誌の広告などの代金，③支払家賃：建物を借りて支払った賃借料，④支払地代：土地を借りて支払った地代，⑤交通費：電車やバスなどの支払代金，⑥消耗品費：文房具などの代金，⑦水道光熱費：電気，ガス，水道代，⑧通信費：電話料金，切手，はがき，Eメール代など，⑨雑費：お茶菓子，新聞購読料など，⑩支払利息：借入金に対して支払う利息
5. 当期純損益（当期純利益と当期純損失）
    当期純利益（費用が収益より大きい場合は，当期純損失である）＝収益－費用
6. 損益計算書
    損益計算書は，企業の一定期間における経営成績を表わす計算書である。
7. 損益計算書等式
    費用＋当期純利益＝収益

【問題1】 次のうち，収益に属するものはR，費用に属するものはE，それ以外に属するものはOと括弧の中に記入しなさい。

(1) 給　　　料（　　　）　　(2) 受取利息（　　　）　　(3) 商品売買益（　　　）

(4) 交　通　費（　　　）　　(5) 支払家賃（　　　）　　(6) 借　入　金（　　　）

(7) 支払利息（　　　）　　(8) 通　信　費（　　　）　　(9) 商　　　品（　　　）

【問題2】 次の資料により加治商店（株）の令和○年12月31日の損益計算書を作成しなさい。

商品売買益 ¥460,000　　給　　　料 ¥220,000　　受取利息 ¥50,000

交　通　費 ¥22,500　　通　信　費 ¥9,500　　雑　　　費 ¥3,000

広　告　費 ¥6,000　　消耗品費 ¥9,000

損益計算書

(借方) ( ) 商店	令和○年 月 日から令和○年 月 日まで		(貸方)
費　用	金　額	収　益	金　額

【問題3】 次の資料により駿河商店 (株) の令和○年1月1日 (期首) と令和○年12月31日 (期末) における資産・負債・資本および会計期間中の収益・費用は次のとおりである。この資料にもとづいて，損益計算書および期末の貸借対照表を作成しなさい。なお，期末の繰越利益剰余金 (当期の純利益を加算後) の金額は各自で計算すること。

1/1 現　　　　金 ¥220,000 当 座 預 金 ¥150,000 売　　掛　　金 ¥20,000

商　　　　品 ¥30,000 貸　　付　　金 ¥30,000 買　　掛　　金 ¥20,000

借　入　　金 ¥30,000 資　　本　　金 ¥200,000 繰越利益剰余金 ¥200,000

12/31 現　　　　金 ¥360,000 当 座 預 金 ¥230,000 売　　掛　　金 ¥50,000

商　　　　品 ¥70,000 貸　　付　　金 ¥10,000 買　　掛　　金 ¥30,000

借　入　　金 ¥60,000 資　　本　　金 ¥200,000 繰越利益剰余金　　？

1/1 ～ 12/31

商 品 売 買 益 ¥441,000 受 取 利 息 ¥23,000 給　　　　料 ¥200,000

交　　通　　費 ¥22,000 通　信　　費 ¥6,000 水 道 光 熱 費 ¥2,000

雑　　　　費 ¥1,000 消 耗 品 費 ¥3,000

損益計算書

(借方)（　　）商店　　　令和○年　月　日から令和○年　月　日まで　　　　　　　　　(貸方)

費　　用	金　　額	収　　益	金　　額

貸借対照表

(借方)（　　）商店　　　　　　令和○年　月　日　　　　　　　　　　　　　　(貸方)

資　　産	金　　額	負債および純資産	金　　額

取　　　引

1．簿記上の取引とは，企業の資産・負債・純資産（または資本）の増減に影響する事象をいい，収益・費用の発生をもたらす事象も，かならず資産・負債・純資産（または資本）の増減をともなう取引となる。
2．取引の種類
　　取引は次のように，①交換取引・損益取引・混合取引の3つに分けることができる。また，②入金取引・出金取引・振替取引の3つに分けることもできる。
3．取引要素の結合関係
　　複式簿記では，財産の変動を単独ではなく以下の図のように借方と貸方との結合関係で認識する。

取引要素の結合関係

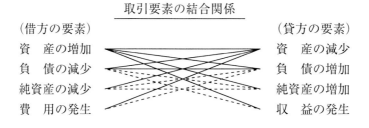

（借方の要素）　　　　　　　　　　　　　　　　（貸方の要素）
資　産の増加　　　　　　　　　　　　　　　　資　産の減少
負　債の減少　　　　　　　　　　　　　　　　負　債の増加
純資産の減少　　　　　　　　　　　　　　　　純資産の増加
費　用の発生　　　　　　　　　　　　　　　　収　益の発生

なお，------- で表わした取引はあまり発生しない。

【問題1】　次のうち簿記上の取引となるものの（　　）に○印を，そうでないものに×印を記入しなさい。
(1) 商品¥ 5,000 を盗まれた。（　　　）
(2) 商品¥ 10,000 の注文を受けた。（　　　）
(3) 工場を¥ 120,000 で借りる契約をした。（　　　）
(4) 給料¥ 200,000 を現金で支払った。（　　　）

【問題2】　次の取引は，下に示したどの取引要素の結合関係と一致するか。（　）の中に記号を入れなさい。
(1) 建物¥ 10,000,000 を現金で購入した。（　　　）
(2) 商品¥ 20,000 を現金で仕入れた。（　　　）
(3) 売掛金¥ 500,000 を現金で回収する。（　　　）

(4) 現金¥ 2,000,000 を借りた。( )

(5) タクシー代¥ 5,000 を現金で支払う。( )

(6) 利息¥ 250 を現金で受取った。( )

(7) 手数料¥ 5,000 を現金で受取った。( )

(8) 建物¥ 500,000 を出資して営業を始めた。( )

   ア 資 産 の 増 加 − 資 産 の 減 少　　　イ 資 産 の 増 加 − 収 益 の 発 生

   ウ 資 産 の 増 加 − 負 債 の 増 加　　　エ 費 用 の 発 生 − 資 産 の 減 少

   オ 費 用 の 発 生 − 負 債 の 増 加　　　カ 資 産 の 増 加 − 純資産の増加

【問題3】　次の取引はどのような取引要素の結合関係から成り立っているか。例示を参考に答え
　　　　　なさい。

＜例示＞現金¥ 10,000 を借りた。

(1) 現金¥ 100,000 を出資して営業を開始した。

(2) 商品¥ 10,000 を掛で仕入れた。

(3) 原価¥ 5,000 の商品を¥ 6,000 で売上げ，代金は掛とした。

(4) 利息¥ 500 を現金で支払った。

	借方の要素		貸方の要素	
例示	資 産 の 増 加	10,000	負 債 の 増 加	10,000
(1)				
(2)				
(3)				
(4)				

【問題4】　次の取引はどのような取引要素の結合関係から成り立っているか。例示を参考に答え
　　　　　なさい。

＜例示＞バス代¥ 2,000 を現金で支払った。

(1) パソコン¥ 100,000 を現金で購入した。

(2) 商品¥ 200,000 を現金で仕入れた。

(3) 売掛金¥ 500,000 を現金で回収する。

(4) 現金¥ 200,000 を借りた。

(5) 原価¥ 100,000 の商品を¥ 120,000 で売上げ，代金は掛とした。

(6) 社用の携帯電話代¥ 6,000 を現金で支払った。

(7) 借金の利息¥ 5,000 を現金で支払った。

(8) 建物¥ 1,000,000 と借入金¥ 200,000 を出資して営業を始めた。

	借方の要素		貸方の要素	
例示	交 通 費 の 発 生	2,000	現 金 の 減 少	2,000
（1）				
（2）				
（3）				
（4）				
（5）				
（6）				
（7）				
（8）				

第4章 勘定と仕訳

1. 勘定とは，資産・負債などの各要素の具体的な区分単位をいい，また，勘定の名称を勘定科目という。
2. 複式簿記の仕訳は，5つの取引要素（資産・負債・純資産（または資本）・収益・費用）によってその増減の結合関係により2元的（借方・貸方）に記録・計算することをいう。
   （例）交通費¥500を現金で支払った。
   （仕訳）（借方）交通費　500　　（貸方）現　金　500
3. 総勘定元帳は，勘定科目別の帳簿をいう。

【問題1】 次の取引を仕訳しなさい。
＜例示＞タクシー代¥1,000を現金で支払った。
(1) 商品¥100,000を掛で仕入れた。
(2) 売掛金¥300,000を現金で回収する。
(3) 借りた¥200,000と利息¥3,000を現金で支払った。
(4) 電車の切符代¥500を現金で支払う。
(5) 建物¥5,000,000を購入し未だに支払っていない。
(6) 貸付金の利息¥300を現金で受取った。
(7) 原価¥100,000の商品を¥120,000で販売し，掛とした。
(8) 現金¥2,000,000と土地¥10,000,000を出資して営業を始めた。

	借方科目	金額	貸方科目	金額
例示	交　通　費	1,000	現　　　　金	1,000
（1）				
（2）				
（3）				
（4）				
（5）				
（6）				
（7）				
（8）				

【問題2】　次の仕訳から，どのような取引があったかを例にならって推定しなさい。

例示	（借）現　　　　金	1,000,000	（貸）資　本　金	1,000,000
（1）	（借）交　通　費	10,000	（貸）現　　　　金	10,000
（2）	（借）商　　　品	100,000	（貸）現　　　　金	100,000
（3）	（借）現　　　　金	50,000	（貸）受　取　地　代	50,000
（4）	（借）水道光熱費	15,000	（貸）現　　　　金	15,000
（5）	（借）現　　　　金 　　　売　掛　金	120,000 10,000	（貸）商　　　品 　　　商品売買益	100,000 30,000

（例）	現金¥ 1,000,000 を出資して営業を開始した。
（1）	
（2）	
（3）	
（4）	
（5）	

【問題3】 次の取引を仕訳して，総勘定元帳に転記しなさい。なお，日付，相手勘定科目，金額を記入すること。

7/1　現金 *2,000,000* を出資して営業を開始した。

　5　商品¥ *200,000* を仕入れ，代金のうち，¥ *60,000* は現金で支払い，残額は掛とした。

　7　原価¥ *100,000* の商品を¥ *340,000* で売上げ，代金のうち，¥ *50,000* は現金で受取り，残額は掛とした。

　10　仕入先へ買掛代金¥ *120,000* を現金で支払った。

　15　得意先より売掛代金¥ *150,000* を現金で受取った。

　19　備品¥ *300,000* を現金で購入した。

　26　従業員へ給料¥ *200,000* を現金で支払った。

	借方科目	金　額	貸方科目	金　額
7/1				
5				
7				
10				
15				
19				
26				

現　金　　1

売　掛　金　　2

商　品　　3

備　品　　4

買　掛　金　　5

資　本　金　　6

商 品 売 買 益	7

給　　　料	8

【問題4】　次の仕訳を総勘定元帳に転記しなさい。なお，日付，相手勘定科目，金額を記入すること。

4/1	（借）現　　　金	1,700,000	（貸）借　入　金	100,000
	建　　　物	1,000,000	資　本　金	3,500,000
	普 通 預 金	500,000		
	商　　　品	400,000		
5	（借）現　　　金	500,000	（貸）商　　　品	380,000
	売　掛　金	50,000	商品売買益	170,000
10	（借）現　　　金	300,000	（貸）普 通 預 金	300,000
12	（借）借　入　金	70,000	（貸）現　　　金	70,000
15	（借）現　　　金	30,000	（貸）売　掛　金	30,000
18	（借）商　　　品	300,000	（貸）買　掛　金	300,000
20	（借）支 払 利 息	1,500	（貸）現　　　金	1,500
22	（借）現　　　金	1,000	（貸）受 取 利 息	1,000
25	（借）普 通 預 金	300,000	（貸）現　　　金	300,000
28	（借）支 払 地 代	10,000	（貸）現　　　金	10,000

現　　　金	1

普 通 預 金	2

商　　　品	3

売　掛　金	4

建　　物	5	借　入　金	6

買　掛　金	7	資　本　金	8

商品売買益	9	受　取　利　息	10

支　払　地　代	11	支　払　利　息	12

【問題5】 次の元帳記入から仕訳を推定しなさい。なお現金の勘定は省略している。

売　掛　金			
4/6 諸　口 30,000		4/25 現　金 12,000	

借　入　金			
		4/10 現　金 20,000	

買　掛　金			
		4/3 商　品 40,000	

支　払　家　賃			
4/20 現　金 400			

商　　品			
4/3 買掛金 40,000		4/6 売掛金 20,000	
24 現　金 20,000			

商品売買益			
		4/6 売掛金 10,000	

（推定仕訳）

	借方科目	金　額	貸方科目	金　額
4/3				
6				
10				
20				
24				
25				

第5章 帳簿の記入

1．主要簿として，仕訳帳と総勘定元帳がある。

2．総勘定元帳には，標準式と残高式がある。

3．仕訳帳は，取引をその発生順に記録していく帳簿で，この記録をもとに総勘定元帳（元帳）への転記がおこなわれる。

【問題1】　次の取引を仕訳し，小書きも記入し，標準式の総勘定元帳に転記しなさい。

5/3　新光銀行より現金 ¥ 2,000,000 を借入れた。

　10　入船商店（株）より商品 ¥ 150,000 を現金で仕入れた。

　15　原価 ¥ 100,000 の商品を朝里商店（株）に ¥ 170,000 で販売し，代金は現金で受取った。

仕 訳 帳　　　　　　　　　1

令和○年	摘　要	元　丁	借　方	貸　方

総勘定元帳

現　　金 1

令和○年	摘　要	仕　丁	借　方	令和○年	摘　要	仕　丁	貸　方

商　　品 4

令和○年	摘　要	仕　丁	借　方	令和○年	摘　要	仕　丁	貸　方

借　入　金 8

令和○年	摘　要	仕　丁	借　方	令和○年	摘　要	仕　丁	貸　方

商品売買益 12

令和○年	摘　要	仕　丁	借　方	令和○年	摘　要	仕　丁	貸　方

【問題2】　次の取引を仕訳帳に仕訳し，小書きも記入し，残高式の総勘定元帳に転記しなさい。

10/ 1　現金￥3,000,000を出資して営業を開始した。

　　7　備品￥150,000を現金で購入した。

　　10　銭函商店（株）より商品￥200,000を仕入れ，代金のうち￥80,000は現金で支払い，残額は掛とした。

　　20　原価￥150,000の商品を住吉商店（株）に￥200,000で販売し，代金のうち，￥50,000は現金で受取り，残額は掛とした。

仕　訳　帳　　　　　　　　1

令和○年	摘　　要	元　丁	借　方	貸　方

総勘定元帳

現　　金　　　　　　　　1

令和○年	摘　　要	仕　丁	借　方	貸　方	借/貸	残　高

売　掛　金　　　　　　　2

令和○年	摘　　要	仕　丁	借　方	貸　方	借/貸	残　高

商　　　品　　　　　　　　　　　　5

令和○年		摘　　要	仕　丁	借　方	貸　方	借／貸	残　高

備　　　品　　　　　　　　　　　　8

令和○年		摘　　要	仕　丁	借　方	貸　方	借／貸	残　高

買　掛　金　　　　　　　　　　　　13

令和○年		摘　　要	仕　丁	借　方	貸　方	借／貸	残　高

資　本　金　　　　　　　　　　　　15

令和○年		摘　　要	仕　丁	借　方	貸　方	借／貸	残　高

商品売買益　　　　　　　　　　　　22

令和○年		摘　　要	仕　丁	借　方	貸　方	借／貸	残　高

第6章 決算（1）

1．決算の意義

　　簿記では，会計期間ごとの経営成績や期末の財政状態を明らかにするために，期末に総勘定元帳の記録を整理し，帳簿を締切り，損益計算書及び貸借対照表を作成する。

2．決算手続

　　決算は，通常，決算予備手続（①試算表の作成，②棚卸表の作成（期末整理事項の確認））から，決算本手続（①元帳の締切り，②仕訳帳の締切り，③繰越試算表の作成）を経て，財務諸表の作成（①損益計算書の作成，②貸借対照表の作成）といった順序でおこなわれる。

3．試算表とその目的そしてその種類

　　試算表とは，元帳の各勘定口座の合計額や残高を集計して作成される表で，目的は以下である。

　　①期中における仕訳帳から元帳への転記が正しいかどうかを確認する。

　　②期末の決算手続を円滑にする。

　　試算表の主な種類には，以下の3つがある

　　合計試算表，残高試算表，合計残高試算表など

4．決算法

　　決算法には，英米式決算法と大陸式決算法がある。英米式決算法では，大陸式決算法に比較して簡易な決算法であり，収益・費用は損益勘定に振替えるが，資産・負債・純資産（または資本）は，元帳上で繰越記入をおこなう点に特徴がある。ここでは，英米式決算法を前提にする。

5．精算表

　　精算表は，試算表の作成から財務諸表の作成までを一覧表にしたものである。ここでは，6桁の精算表を取上げる。

【問題1】 駿河商店（株）の次の総勘定元帳から合計試算表を作成しなさい（決算日は 3/31）。

現　　　金		1
1,700,000	50,000	
50,000	5,000	
200,000	500,000	
40,000	5,000	
10,000		

普　通　預　金		2
200,000	200,000	
500,000		

商　　　品		3
100,000	80,000	
70,000		

売　　掛　　金		4
50,000	40,000	

建　　　物		5
1,000,000		

借　　入　　金		6
50,000	100,000	

買　　掛　　金		7
	70,000	

資　　本　　金		8
	2,000,000	

繰越利益剰余金		9
	900,000	

商品売買益		10
	20,000	

受　取　利　息		11
	10,000	

支　払　地　代		12
5,000		

支　払　利　息		13
5,000		

22

合計試算表

令和○年　月　日

借　　方	勘 定 科 目	貸　　方

【問題2】 駿河商店（株）の次の総勘定元帳から合計残高試算表を作成しなさい（決算日は3/31）。

現　　金　　1	
1,700,000	50,000
50,000	5,000
200,000	500,000
40,000	5,000
10,000	

普 通 預 金　　2	
200,000	200,000
500,000	

商　　品　　3	
100,000	80,000
70,000	

売 掛 金　　4	
50,000	40,000

	建　　　物　　　5	
1,000,000		

	借　入　金　　　6	
50,000	100,000	

	買　掛　金　　　7	
	70,000	

	資　本　金　　　8	
	2,000,000	

	繰越利益剰余金　　9	
	900,000	

	商　品　売　買　益　　10	
	20,000	

	受　取　利　息　　11	
	10,000	

	支　払　地　代　　12	
5,000		

	支　払　利　息　　13	
5,000		

合計残高試算表
令和○年　月　日

借　　方		勘定科目	貸　　方	
残　　高	合　　計		合　　計	残　　高

【問題3】 駿河商店（株）の次の勘定残高から残高試算表を作成しなさい（決算日は3/31）。なお，資本金の金額は各自計算すること。

現 金	1,460,000	商品売買益	122,000	買 掛 金	152,000
給 料	95,000	売 掛 金	200,000	借 入 金	120,000
支 払 家 賃	6,000	広 告 料	14,000	貸 付 金	82,000
雑 費	5,000	商 品	85,000	備 品	45,000
受 取 利 息	6,000	支 払 利 息	8,000	資 本 金	x
繰越利益剰余金	600,000				

残高試算表
令和○年　月　日

借　　方	勘 定 科 目	貸　　方
	現　　　　金	
	売　　掛　　金	
	貸　　付　　金	
	商　　　　品	
	備　　　　品	
	買　　掛　　金	
	借　　入　　金	
	資　　本　　金	
	繰 越 利 益 剰 余 金	
	商 品 売 買 益	
	受　取　利　息	
	給　　　　料	
	支　払　家　賃	
	広　　告　　料	
	支　払　利　息	
	雑　　　　費	

【問題 4】　駿河商店（株）の令和○年 12 月 31 日（決算日）の元帳記録は次のとおりである。各設
　　　　　問に答えなさい。なお，会計期間は 1 年とする。

(1) 決算仕訳をしなさい。

(2) 各勘定を締切り，繰越試算表を作成しなさい。

(3) 損益計算書と貸借対照表を作成しなさい。

(1) 決算仕訳

	借方科目	金　　額	貸方科目	金　　額
12/31				

(2)

元　　　　帳

	現　　　金　　　1			売　　掛　　金　　　2	
	407,000	200,000		386,000	134,000

	商　　　品　　　3			貸　　付　　金　　　4	
	304,000	211,000		130,000	80,000

	備　　　品　　　5			買　　掛　　金　　　12	
	160,000	50,000		103,000	365,000

借　入　金	13
50,000	150,000

資　本　金	14
	200,000

繰越利益剰余金	15
	100,000

商 品 売 買 益	22
	80,000

受 取 利 息	23
	27,000

給　　料	32
40,000	

消 耗 品 費	33
16,000	

支 払 利 息	34
1,000	

損　　益	35

繰越試算表

令和〇年　月　日

借　方	勘定科目	貸　方

(3)

損益計算書

（借方）（　　）商店　　　令和〇年　月　日から令和〇年　月　日まで　　　　　（貸方）

費　用	金　額	収　益	金　額

貸借対照表

（借方）（　　）商店　　　　　　　　令和〇年　月　日　　　　　　　　　　　（貸方）

資　産	金　額	負債および純資産	金　額

【問題 5】 東京商店（株）の精算表を完成させなさい。なお，資本金は各自計算すること。

精 算 表

勘 定 科 目	試 算 表		損益計算書		貸借対照表	
	借 方	貸 方	借 方	貸 方	借 方	貸 方
現 金	1,255,000					
売 掛 金	314,000					
商 品	300,000					
備 品	370,000					
買 掛 金		190,000				
借 入 金		100,000				
資 本 金		（　　　　）				
繰 越 利 益 剰 余 金		210,000				
商 品 売 買 益		1,360,000				
受 取 手 数 料		105,000				
給 料	175,000					
支 払 家 賃	120,000					
雑 費	25,000					
支 払 利 息	6,000					
当 期 純 利 益						

第**7**章 現金預金取引

1．現金勘定

　　簿記上の現金勘定（資産）には，通貨のほか，他人振出小切手，送金小切手，郵便為替証書，株式配当金領収書，支払期日が到来した公社債利札などの通貨代用証券も含まれる。

2．現金出納帳

　　現金出納帳は，現金収支の明細を記録するための補助簿である。

3．現金過不足勘定

　　現金過不足勘定の金額は，後日，現金の増減原因が判明したならば，本来の正しい勘定に振替え，決算日まで原因が判明しなかった場合には，現金不足のときは雑損勘定（費用）に，現金過剰の場合は雑益勘定（収益）に振替える。

4．当座預金勘定

　　自己が小切手を振出した場合は，当座預金勘定（資産）の減少，また自己が振出した小切手を受取ったときは当座預金勘定の増加として処理する。

5．当座借越勘定

　　当座借越契約をしている場合，一定限度額を借越限度額といい，預金残高を超えた引出分を当座借越とする。当座借越の処理には，当座借越勘定（負債）を用いる方法と当座勘定を使用する方法とがある。

6．当座預金出納帳は，当座預金の預入れまたは引出しの明細を記録し，残高を明らかにしておくための補助簿である。当座預金残高を超えた引出分（当座借越）がある場合，残高は貸方残高になる。当座勘定は，借方残高は当座預金勘定を示し，貸方残高は当座借越勘定を表わす。

7．小口現金勘定

　　小口現金勘定（資産）とは，日常の経営活動において生じる少額の現金支払いに備えて手許に用意しておく現金をいう。小口現金の管理方法として，定額資金前渡制（インプレスト・システム）がとられる場合がある。

8．小口現金出納帳は，小口現金の補給と支払いの明細を記録しておくための補助簿である。

【問題 1】　次の取引を仕訳し，現金出納帳を作成しなさい。月末に現金出納帳を締切ること。な
　　　　　お，¥ 300,000 の前月繰越がある。

8/3　山田商店（株）から売掛代金として，送金小切手¥ 100,000 を受取った。

　5　佐藤商店（株）へ商品¥ 160,000（原価¥ 110,000）を売渡し，代金は同店振出しの小切手
　　　で受取った。

　7　亀川商店（株）から商品¥ 200,000 を仕入れ，代金のうち¥ 160,000 は F 商店（株）から
　　　受取った小切手で支払い，残額は掛とした。

　19　柴田商店（株）から商品売買の仲介手数料として郵便為替証書¥ 80,000 を受取った。

　25　郵便切手¥ 3,000 とハガキ¥ 7,000 を買入れ，代金は現金で支払った。

　31　従業員の給料¥ 180,000 を現金で支払った。

	借方科目	金　額	貸方科目	金　額
8/3				
5				
7				
19				
25				
31				

現 金 出 納 帳

令和○年		摘　要	収　入	支　出	残　高

【問題 2】 次の取引を仕訳しなさい。現金の実際有高が帳簿残高より ¥ 35,000 過剰であったので，現金過不足勘定で処理しておいたが，その後原因を調査したところ，売掛金の回収額 ¥ 5,000 と配当金の受取額 ¥ 25,000 が記帳もれとなっていた。残りは原因不明につき雑益として処理することとした。

借方科目	金　額	貸方科目	金　額

【問題 3】 次の取引を仕訳し，当座預金出納帳を作成してこれを締切りなさい。なお，銀行とは借越限度額 ¥ 200,000 の当座借越契約を結んでおり，6 月 1 日現在 ¥ 250,000 の当座預金残高がある。

6/5 石塚商店（株）から商品 ¥ 200,000 を仕入れ，代金は小切手を振出して支払った。

8 上原商店（株）からの借入金 ¥ 100,000 を利息 ¥ 10,000 とともに小切手を振出して返済した。

12 上田商事（株）への売掛金 ¥ 300,000 を回収した。回収額のうち，¥ 160,000 は当店が 5 月 1 日に振出した小切手で，残額は同店振出しの小切手で受取り，ただちに当座預金とした。

18 本月分の家賃 ¥ 100,000 を小切手を振出して支払った。

22 斎藤商店（株）へ商品 ¥ 350,000（原価 ¥ 200,000）を売渡し，代金のうち ¥ 250,000 は現金で受取り，残額は掛とした。なお，現金はただちに当座預金に預入れた。

	借方科目	金　額	貸方科目	金　額
6/5				
8				
12				
18				
22				

当座預金出納帳

令和○年		摘　要	預　入	引　出	借または貸	残　高
6	1	前月繰越	250,000		借	250,000

【問題4】 次の取引を小口現金出納帳に記入し，あわせて小口現金の補給および月末における締
切りに関する記入をおこないなさい。なお，8月1日より定額資金前渡法（インプレス
ト・システム）を採用し，小口現金として￥80,000の小切手を受取っている。
また，小口現金の補給は小切手により月末におこなわれる。

8/5　ノ　ー　ト　￥8,500

　11　タ　ク　シ　ー　￥10,500

　14　は　が　き　￥5,500

　16　お　　茶　￥4,800

　19　電　　話　￥7,200

　22　切　　手　￥3,800

　27　ボールペン　￥5,900，新　　聞　￥3,800

小口現金出納帳

受　入	令和○年		摘　要	支　払	内　訳			
					交通費	通信費	消耗品費	雑　費
80,000	8	1	小　切　手					
			合　　計					
			次月繰越					
			前月繰越					

【問題 5】　次の取引を仕訳しなさい。なお，小口現金係から次のように支払の報告を受け，ただちに小切手を振出して資金の補給をした（インプレスト・システムによる）。

通 信 費　￥5,000　　消耗品費　2,500　　交 通 費　15,000

借方科目	金　額	貸方科目	金　額

34

【問題6】　次の取引を小口現金出納帳に記入して締切りなさい。なお，小口現金係は，定額資金前渡制（インプレスト・システム）により毎週金曜日の終業時にその週の支払いを報告し，資金の補給を受けている。

5月17日　タ　ク　シ　ー　代　¥ 3,500
　　18日　プリンターインク代　¥ 5,500
　　19日　郵　便　切　手　代　¥ 3,000
　　20日　接　待　用　お　茶　代　¥ 1,500
　　21日　は　　が　　き　　代　¥ 2,000

小口現金出納帳

受　入	令和〇年		摘　要	支　払	内　訳				残　高
					交通費	通信費	消耗品費	雑　費	
30,000	5	17	前週繰越						30,000
			合　　計						
			本日補給						
			次週繰越						
	5	24	前週繰越						

【問題7】　次の各取引にもとづき，仕訳をおこない，10月末における X 銀行の普通預金の口座残高と Y 銀行の普通預金の口座残高を求めなさい。なお，10月1日現在における X 銀行の普通預金の口座残高は¥ 2,000,000 で，銀行の普通預金の口座残高は¥ 500,000 である。なお普通預金の勘定は，普通預金 X 銀行，普通預金 Y 銀行という勘定を用いる。

10月8日　買掛金¥ 100,000 を Y 銀行の普通預金口座から支払った。
　　13日　売掛金¥ 400,000 が X 銀行の普通預金口座に振込まれた。
　　20日　家賃¥ 50,000 が Y 銀行の普通預金口座から引落された。
　　25日　水道光熱費¥ 20,000 が X 銀行の普通預金口座から引落された。

	借方科目	金　額	貸方科目	金　額
10/8				
13				
20				
25				

X 銀行の普通預金残高　＿＿＿＿＿＿＿＿＿

Y 銀行の普通預金残高　＿＿＿＿＿＿＿＿＿

第8章 商品売買

1. 三分法

　　三分法とは，商品売買の処理において，仕入勘定，売上勘定および繰越商品勘定の3つの勘定科目を用いる方法をいう。

2. 仕入諸掛

　　仕入に伴う諸費用である仕入諸掛は商品の仕入原価に加える。

3. 売上の際の諸費用

　　売手の負担する運賃などは，発送費などとして処理し，買手の負担するものを売手が立替えた場合，立替金（または売掛金）として処理する。

4. 返　品

　　返品の場合には，仕入時または売上時と反対の仕訳をおこなう。

5. 仕入帳・売上帳

　　仕入帳と売上帳は共に，商品売買取引の明細を記録するための補助簿である。

6. 商品有高帳

　　商品有高帳は，商品の増減および残高の明細を記録するための補助簿であり，商品の払出単価の算定方法には，先入先出法や移動平均法などがある。

【問題1】　次の取引を三分法によって仕訳しなさい。

①駿河商店（株）から仕入れた商品のうち，品違いがあり，返品した。この金額¥ *100,000* は同店に対する買掛金から差引いた。

②加治商店（株）から商品¥ *120,000* を掛で仕入れた。引取運賃¥ *10,000* は現金で支払った。

③商品を得意先仏子商店（株）に販売し，この代金¥ *500,000* は掛とした。なお，この商品の発送運賃（当店負担）¥ *15,000* は現金で支払った。

④さきに加治商店（株）から仕入れた商品のうち，不良品を返品し，この代金¥ *20,000* を同店振出しの小切手で受取った。

	借方科目	金　　額	貸方科目	金　　額
①				
②				
③				
④				

【問題2】　次の取引を売上帳に記入して，締切りなさい。

4/2　駿河商店（株）へ次のとおり売上げ，代金は掛とした。
　　　紳士靴 30 足　@¥ *10,000*　¥ *300,000*
　　　婦人靴 40 足　@¥ *12,000*　¥ *480,000*

　11　加治商店（株）へ次のとおり売上げ，代金は掛とした。
　　　婦人靴 20 足　@¥ *11,000*　¥ *220,000*

　13　駿河商店（株）へ売上げた上記商品のうち，次のとおり返品され，代金は売掛金から差引くことにした。
　　　婦人靴 5 足　@¥ *12,000*　¥ *60,000*

　26　仏子商店（株）へ次のとおり売上げ，代金のうち，¥ *200,000* を現金で受取り，残額は掛とした。
　　　紳士靴 40 足　@¥ *9,500*　¥ *380,000*
　　　婦人靴 20 足　@¥ *11,500*　¥ *230,000*

38

<u>売　上　帳</u>

令和○年	摘　要	内　訳	金　額

【問題3】 仕入帳を作成し（必要なところに線を引いてください），次の取引を記入して月末に締切りなさい。

11/4　駿河商店（株）から，下記の商品を掛で仕入れた。

　　　　A商品100個　@¥ *5,000*　　B商品50個　@¥ *6,500*

　6　上記の商品のうち，A商品10個が破損していたため返品した。

　　11　世田谷商店（株）から，C商品¥ *135,000*（30個@¥ *4,500*）を掛にて仕入れた。なお，引取運賃¥ *1,000* を現金で支払った。

　16　上記C商品5個に汚損があったため，5個返品した。

　22　渋谷商店（株）から，下記の商品を仕入れ，代金のうち半分は小切手を振出して支払い，残額は掛とした。

　　　　B商品50個　@¥ *6,300*　　D商品40個　@¥ *5,500*

仕 入 帳

令和○年	摘 要	内 訳	金 額

【問題4】 次の資料にもとづき，先入先出法により商品有高帳を作成し，締切りなさい。

		数量	単価	金額
9月1日	前月繰越	20	@¥6,000	¥120,000
6日	仕　入	40	@¥5,000	¥200,000
8日	売　上	30	@¥8,000	¥240,000
21日	仕　入	50	@¥4,500	¥225,000
29日	売　上	40	@¥7,000	¥280,000

商 品 有 高 帳

（先入先出法）

令和○年	摘　要	受　入　高			払　出　高			残　高		
		数　量	単　価	金　額	数　量	単　価	金　額	数　量	単　価	金　額

【問題5】 次の仕入帳と売上帳にもとづいて，移動平均法によって商品有高帳に記入し，10月中の売上高，売上原価および売上総利益を計算しなさい。

仕　入　帳

令和○年	摘　要	内　訳	金　額
10　6	駿河商店　　　　　　　　　　　掛		
	ハンカチ30枚　　@¥10,000		300,000
21	加治商店　　　　　　　　　　現金		
	ハンカチ25枚　　@¥9,000		225,000

売　上　帳

令和○年	摘　要	内　訳	金　額
10　8	仏子商店　　　　　　　　　　現金		
	ハンカチ15枚　　@¥16,000		240,000
29	飯能商店　　　　　　　　　　現金		
	ハンカチ20枚　　@¥14,000		280,000

商　品　有　高　帳

（移動平均法）　　　　　　　　　　　ハンカチ

令和○年		摘　要	受　入　高			払　出　高			残　高		
			数　量	単　価	金　　額	数　量	単　価	金　　額	数　量	単　価	金　　額
10	1	前 月 繰 越	10	*12,000*	*120,000*				10	*12,000*	*120,000*

売上原価の計算

月初商品棚卸高　　　　　（　　　　　　　）

当月商品仕入高　　　　　（　　　　　　　）

合計　　　　　　　　　　（　　　　　　　）

月末商品棚卸高　　　　　（　　　　　　　）

売上原価　　　　　　　　（　　　　　　　）

売上総利益の計算

売上高　　　　　　　　　（　　　　　　　）

売上原価　　　　　　　　（　　　　　　　）

売上総利益　　　　　　　（　　　　　　　）

売掛金と買掛金

1. 売掛金勘定・買掛金勘定

　　売掛金勘定（資産）とは，商品を掛で売渡した際に発生する債権であり，買掛金勘定（負債）とは，商品を掛で仕入れたときに発生する債務である。

2. 人名勘定

　　人名勘定とは，売掛金勘定や買掛金勘定の明細記録のために用いられる商店名などの勘定をいう。

3. 売掛金元帳・買掛金元帳

　　売掛金元帳と買掛金元帳とは各々，総勘定元帳の売掛金勘定と買掛金勘定の明細を明らかにするための補助簿である。

4. 売掛金明細表・買掛金明細表

　　売掛金明細表とは，得意先ごとの売掛金残高をまとめた明細表をいう。また，買掛金明細表とは，仕入先ごとの買掛金残高をまとめた明細表をいう。

5. クレジット売掛金勘定

　　クレジットカード利用による代金決済方法で商品を販売した場合には，信販会社に対する債権とクレジット売掛金勘定を用いて次のような仕訳をおこなう。なお，利用額に対する手数料を差引かれた残額を通常の売掛金と区別している。

（借）クレジット売掛金　×××　　（貸）売　　　　　　上　×××
　　　支　払　手　数　料　×××

6. 貸倒引当金勘定

　　貸倒れとは，得意先の倒産などにより，売掛金などの債権が回収できなくなることをいい，決算に際しては，債権の状況に応じて求めた過去の貸倒実績率等の合理的な基準により，保有する債権の貸倒予想額を見積もって貸倒引当金勘定を設定する。これを実績法という。後に実際に貸倒れが発生した際に貸倒引当金を取崩す。なお，貸倒引当金が設定されていない債権が貸倒れになったときは貸倒損失（費用）として処理する。なお，貸倒引当金勘定は，売掛金などの売上債権の評価勘定である。

7. 差額補充法

　　決算において，以前に設定した貸倒引当金勘定に残高がある場合には，期末における貸倒見積額と貸倒引当金勘定残高との差額のみを新たに貸倒引当金繰入（費用）を計上し，また，決算において，貸倒見積額よりも貸倒引当金勘定残高の方が多い場合には，貸倒引当金勘定残高が貸倒見積額を超える額だけ貸倒引当金勘定を減額し，貸倒引当金戻入（収益）を計上する。

8. 償却債権取立益勘定

　　過年度に貸倒れとして処理した売掛金の一部または全部が当期になって回収される場合，その回収額を償却債権取立益勘定（収益）の貸方に記入する。

【問題1】　次の取引を仕訳しなさい。

8/5　駿河商店（株）から商品¥300,000を仕入れ，代金のうち半額は小切手を振出して支払い，残額は掛とした。

　8　飯能商店（株）へ商品¥400,000を掛にて売渡した。なお，先方負担の発送費用¥5,000を現金で支払った。

　9　加治商店（株）から商品¥350,000を仕入れ，代金は掛とした。なお，引取運賃¥15,000は現金で支払った。

　12　上記の加治商店から仕入れた商品のうち，¥50,000は品違いのため返品した。

　16　仏子商店（株）へ商品¥550,000を売渡し，代金は掛とした。

　20　上記の仏子商店（株）へ売渡した商品のうち，一部に汚損があったため，¥20,000分の返品を承諾した。

　24　得意先の所沢商店（株）が倒産し，同店へ当期に掛売した代金¥150,000が回収不能となったため，貸倒れとして処理した。

	借方科目	金　額	貸方科目	金　額
8/5				
8				
9				
12				
16				
20				
24				

【問題2】 次の取引を人名勘定を用いて仕訳しなさい。

10/3 駿河商店（株）から商品¥400,000を掛にて仕入れ，仕入諸掛¥30,000を現金で支払った。

9 上記，駿河商店（株）から仕入れた商品に汚損があったため，¥5,000分の返品をした。

13 飯能商店（株）へ商品¥250,000を掛にて売渡した。

22 加治商店（株）へ商品¥200,000を掛にて売渡し発送費用¥4,500は現金で支払った。

	借方科目	金　　額	貸方科目	金　　額
10/3				
9				
13				
22				

【問題3】 次の取引を売掛金元帳（駿河商店）に記入し，7月31日付で締切りなさい。

7/1 売掛金の前月繰越高は¥1,000,000であり，得意先別の内訳は次のとおりである。

飯能商店（株）¥300,000　　駿河商店（株）¥700,000

11 飯能商店（株）へ商品¥200,000および駿河商店（株）へ商品¥250,000をそれぞれ売上げ，代金は掛とした。

21 飯能商店（株）へ商品350,000を売上げ，代金は掛とした。

26 21日に売上げた商品につき，飯能商店（株）より¥25,000の返品の要請があり，これに応ずることとした。なお，返品額は売掛金から控除する。

30 飯能商店より¥300,000，駿河商店より¥150,000がそれぞれ売掛金の回収分として当座預金口座に振込まれた。

売掛金元帳

駿河商店

令和○年		摘　　要	借　　方	貸　　方	借または貸	残　　高
7	1	前　月　繰　越				

【問題4】　次の取引を買掛金元帳（飯能商店）に記入し，11月30日付で締切りなさい。

11/ 1　買掛金の前月繰越高は¥*600,000*である。なお，内訳は，東京商店（株）¥*400,000*，飯能商店（株）¥*200,000*である。

9　飯能商店（株）から商品¥*250,000*を仕入れ，代金は掛とした。

11　飯能商店（株）から9日に仕入れた商品のうち¥*15,000*は，不良品のため返品した。なお，代金は同店への買掛金から差引いた。

19　東京商店（株）および飯能商店（株）から商品をそれぞれ¥*250,000*仕入れ，代金は掛とした。

25　東京商店（株）に対する買掛金のうち¥*150,000*，飯能商店（株）に対する買掛金のうち¥*170,000*をそれぞれ小切手を振出して支払った。

買掛金元帳

飯能商店

令和〇年		摘　要	借方	貸方	借または貸	残　高
11	1	前　月　繰　越				

46

【問題5】 次の合計試算表（A）と9月の諸取引（B）にもとづき，月末の合計残高試算表および売掛金・買掛金の明細表を作成しなさい。

（A）令和○年9月25日現在の合計試算表

合計試算表

勘 定 科 目	借 方	貸 方
現 金	3,000,000	1,950,000
当 座 預 金	3,000,000	1,425,000
売 掛 金	4,650,000	2,000,000
繰 越 商 品	1,000,000	
備 品	910,000	
買 掛 金	2,000,000	3,325,000
借 入 金	500,000	4,150,000
資 本 金		1,500,000
売 上		5,800,000
仕 入	4,500,000	
給 料	250,000	
消 耗 品 費	140,000	
支 払 家 賃	200,000	
	20,150,000	20,150,000

（B）令和○年9月26日から30日までの取引

9/26　売上：掛（入船商店）¥ 300,000

　　　仕入：掛（朝里商店）¥ 180,000

　　　従業員の給料¥ 50,000 を現金で支払った。

27　売上：掛（銭函商店）¥ 285,000

　　仕入：掛（築港商店）¥ 200,000

　　売掛金を小切手で回収し，当座預金に預入れた。

　　入船商店　¥ 300,000　　銭函商店　¥ 250,000　　手稲商店　¥ 200,000

28　売上：掛（手稲商店）¥ 380,000

　　仕入：掛（後志商店）¥ 100,000

　　買掛金を小切手を振出して支払った。

　　堀ノ商店　¥ 250,000　　築港商店　¥ 300,000　　後志商店　¥ 150,000

29　売上：掛（入船商店）¥ 100,000

　　仕入：掛（築港商店）¥ 80,000

　　家賃¥ 25,000 を小切手を振出して支払った。

　　手許現金のうち¥ 200,000 を当座預金に預入れた。

30　売上：掛（銭函商店）¥ 50,000

合計残高試算表

令和○年9月30日

借方残高	借方合計	勘定科目	貸方残高	貸方合計
		現　　　　　金		
		当 座 預 金		
		売 　掛 　金		
		繰 越 商 品		
		備　　　　　品		
		買 　掛 　金		
		借 　入 　金		
		資 　本 　金		
		売　　　　　上		
		仕　　　　　入		
		給　　　　　料		
		消 耗 品 費		
		支 払 家 賃		

売掛金明細表

	9月25日	9月30日
入船商店	￥ 1,100,000	￥
銭函商店	1,000,000	
手稲商店	550,000	
	￥ 2,650,000	

買掛金明細表

	9月25日	9月30日
朝里商店	￥ 500,000	￥
築港商店	300,000	
後志商店	525,000	
	￥ 1,325,000	

【問題6】 次の各取引について仕訳しなさい。なお，商品売買の記帳方法は三分法による。

①商品￥ 1,000,000 をクレジット払いの条件で販売した。なお，信販会社（株）への手数料（販売代金の2%）は，販売時に計上する。

②上記①の販売代金について，信販会社（株）から手数料を差引いた代金が当社の普通預金口座に振込まれた。

	借方科目	金　額	貸方科目	金　額
①				
②				

【問題7】 次の連続した取引を仕訳しなさい。

①決算にあたって，売掛金残高¥ *2,800,000* に対し2%の貸倒れを見積もった。ただし，貸倒引当金勘定残高が¥ *100,000* ある。（差額補充法）

②翌期になって，得意先の加治商店が倒産し，前期より繰越した売掛金 *50,000* が回収不能となった。

③決算にあたって，売掛金残高¥ *3,000,000* に対し2%の貸倒れを見積もった。（差額補充法）

④翌期になって，得意先の仏子商店（株）が倒産し，前期より繰越した売掛金 *100,000* が回収不能となった。

	借方科目	金　額	貸方科目	金　額
①				
②				
③				
④				

【問題8】 次の取引を仕訳しなさい。

前期に貸倒れとして処理した売掛金の一部¥ *50,000* が，当期になって現金で回収された。

借方科目	金　額	貸方科目	金　額

第10章 その他の債権と債務

1．貸付金勘定・借入金勘定

　　金銭の債権債務では，金銭を貸した場合は，貸付金勘定で処理し，金銭を借りたときは，借入金勘定で処理する。

2．未収入金勘定・未払金勘定

　　経営活動の主目的である取引（商品の売買など）によって生じた債権・債務は売掛金勘定・買掛金勘定で処理するが，一方，主目的でない取引によって生じる債権・債務は，未収入金勘定・未払金勘定で処理する。

3．前払金勘定・前受金勘定

　　商品の売買契約を結ぶさいにその代金の一部を手付金（内金）として授受した場合には，前払金勘定・前受金勘定で処理する。

4．立替金勘定・預り金勘定

　　立替金勘定は，取引先や従業員のために一時的に金銭の立替払いをしたときに用いる。また，預り金勘定は，一時的に金銭を預かったときに使用する。

5．仮払金勘定・仮受金勘定

　　現金の支払い時点で，その内容または金額を確定できないときは，仮払金勘定で処理し，現金の受取り時点で，その内容または金額を確定できない場合は，仮受金勘定で処理し，後日，その内容または金額が確定したさいに該当する勘定へ振替える。

6．受取商品券勘定

　　受取商品券勘定は，商品券を他店と連盟して発行している場合に，商品の売却時に他店が発行した商品券を受取ったときに用いる勘定で資産である。後日，決済をおこなったときは貸方に記入する。

7．差入保証金勘定

　　土地や建物などの賃借契約にあたり，敷金などの名目で差入れる保証金は差入保証金（資産）を用いて処理する。

50 |

【問題1】 次の取引の仕訳を，駿河商店（株）と飯能商店（株）の両方について示しなさい。

①駿河商店（株）は，取引先飯能商店（株）に対し，期間8カ月，利率年3.5％で現金¥3,000,000を貸付けた。

②飯能商店（株）は，駿河商店（株）に現金¥500,000を期間5カ月，利率年2.5％で借りた。

③駿河商店（株）は，取引先飯能商店（株）に対し，期間6カ月，利率年4.5％で貸付けた貸付金¥5,000,000を満期日に利息とともに同店振出しの小切手で回収した。

④飯能商店（株）は，満期日に駿河商店（株）に借入金¥200,000を利息¥10,000とともに現金で支払った。

（駿河商店）

	借方科目	金 額	貸方科目	金 額
①				
②				
③				
④				

（飯能商店）

	借方科目	金 額	貸方科目	金 額
①				
②				
③				
④				

【問題2】　次の取引を仕訳しなさい。

①不用になったコピー機（帳簿価額¥ 150,000）をコピー機販売会社である横浜商店（株）に売却し，代金は月末に受取ることにした。

②営業用の自動車を¥ 1,500,000 で購入し，代金のうち¥ 600,000 を小切手を振出して支払い，残額は月末に払うことにした。

③今月のはじめに加治自動車会社（株）に売却した営業用自動車の代金¥ 500,000 を，本日，現金で受取った。

④先月末に事務用ワープロ¥ 500,000 を買入れたさいに支払未済となっていた残額¥ 350,000 を小切手を振出して支払った。

	借方科目	金　　額	貸方科目	金　　額
①				
②				
③				
④				

【問題3】　次の取引を仕訳しなさい。

①高麗商店（株）は，1カ月後に百済商店（株）から商品¥ 500,000 を購入する約束で手付金として現金¥ 200,000 を支払った。

②新羅商店（株）は，朝鮮商店（株）から商品¥ 550,000 の内金として現金¥ 150,000 を受取った。

③麗水商店（株）に対し，商品¥ 300,000 を発送した。この商品は1カ月前に注文のあったもので，注文を受けたときに内金¥ 100,000 を受取っている。商品代金の残額は本月末に支払われる予定である。

④釜山商店（株）は，かねて光州商店（株）に注文しておいた商品¥ 600,000 を本日受取った。なお，同商品を注文したさいに内金として¥ 140,000 を現金で支払っており，代金の残額は月末に支払う予定である。

	借方科目	金　　額	貸方科目	金　　額
①				
②				
③				
④				

【問題4】　次の取引を仕訳しなさい。

①従業員に給料の前貸しとして現金¥ 80,000 を渡した。

②函館商店（株）に対して商品¥ 100,000 を掛売した。なお，この商品の発送運賃（先方負担）¥ 10,000 は小切手を振出して支払った。

③従業員に対し，給料総額¥ 2,500,000 につき，所得税の源泉徴収分¥ 300,000 と従業員への立替金¥ 100,000 を差引き，手取金を現金で支払った。

④所得税の源泉徴収額¥ 200,000 を税務署に現金で納付した。

	借方科目	金　　額	貸方科目	金　　額
①				
②				
③				
④				

【問題5】　次の取引を仕訳しなさい。

①社員の出張にあたり，旅費の概算額¥ 80,000 を現金で引渡した。

②旅費を精算したところ，前渡しした¥ 80,000 では少なく，不足分¥ 10,000 を現金で渡した。

③出張中の従業員から現金¥ 300,000 の送金があったが，その内容が不明である。

④従業員が出張から帰り，上記③の送金は駿河商店（株）に対する売掛金の回収分であることが判明した。

⑤事業用の IC カードに¥ 20,000 を現金によりチャージ（入金）した。当社はチャージ時には仮払金で処理し，使用時に適切な勘定科目に振替える。

⑥従業員が上記⑤の IC カードにより電車代¥ 500 を支払った。

	借方科目	金　　額	貸方科目	金　　額
①				
②				
③				
④				
⑤				
⑥				

【問題6】　次の取引を仕訳しなさい。

①商品¥35,000を売渡し，代金のうち¥30,000は当社と連盟している駿河百貨店（株）の商品券で，残額は現金で受取った。

②商品券の清算をし，当社保有の他店商品券¥430,000分が普通預金口座に振込まれた。

	借方科目	金　　額	貸方科目	金　　額
①				
②				

【問題7】　次の取引を仕訳しなさい。

①事務所用としてマンションの2階部分を1カ月当たり¥150,000で賃借する契約をY不動産会社（株）と締結した。なお，契約にさいして，敷金（保証金）¥300,000と仲介手数料¥150,000を普通預金口座から支払った。

②上記①の契約にもとづき，当月分の家賃¥150,000が普通預金口座から引落された。

③Y不動産会社（株）から賃借していた事務所の賃借契約を解除した。そのさいに，契約時に支払っていた敷金（保証金）¥300,000について，修繕に要した費用¥100,000を差引かれた残額が普通預金口座に振込まれた。

	借方科目	金　　額	貸方科目	金　　額
①				
②				
③				

第11章 手 形

1. 受取手形勘定・支払手形勘定

　手形の種類には約束手形と為替手形の2種類があるが，簿記上はすべて受取手形勘定と支払手形勘定で処理する。

2. 約束手形

　約束手形を振出した場合，手形の振出人（または支払人）は手形債務を負い，支払手形勘定で処理し，受取人（または名宛人）は手形債権を得て，受取手形勘定で処理する。

3. 受取手形記入帳・支払手形記入帳

　手形取引に関する明細を記載した，受取手形記入帳と支払手形記入帳は，手形の補助簿である。

4. 手形借入金勘定・手形貸付金勘定

　金銭の貸し借りにあたって振出される金融手形は，手形貸付金（または貸付金）勘定・手形借入金（または借入金）勘定として処理する。

5. 電子記録債権勘定・電子記録債務勘定

　売掛金や買掛金などを有する企業が債権の電子記録化をおこなう場合，取引銀行を通じて電子債権記録機関に登録の請求をおこない，電子記録債権（資産）となる。また，その通知を受け承諾した債務は電子記録債務（負債）となる。登録された債権・債務の計上は，各々元の債権・債務からの振替処理によりおこなわれる。

【問題1】　次の取引を各商店ごとに仕訳しなさい。

①駿河商店（株）は名古屋商店（株）から商品￥200,000を仕入れ，代金として約束手形￥200,000を振出して名古屋商店（株）へ渡した。

②小樽商店（株）は，かねて取立てを依頼しておいた帯広商店（株）振出しの約束手形￥250,000を当座預金に入金した旨，期日に銀行から通知を受けた。

①

	借方科目	金　　額	貸方科目	金　　額
駿河商店				
名古屋商店				

②

	借方科目	金　額	貸方科目	金　額
小樽商店				
帯広商店				

【問題2】　次の帳簿の名称を（　）の中に記入し，あわせてこの帳簿に記録されている諸取引を仕訳しなさい。なお掛取引は人名勘定で仕訳すること。

①

（　　　　　　）記入帳

令和〇年		手形種類	手形番号	摘要	支払人	振出人または裏書人	振出日		満期日		支払場所	手形金額	てん末		
							月	日	月	日			月	日	摘要
5	15	約手	111	売掛金	沖縄商店	沖縄商店	5	15	8	10	那覇銀行	300,000	8	10	取立 (注1)

（注1）当座預金で取立てた。

②

	借方科目	金　額	貸方科目	金　額
5/15				
8/10				

【問題3】　次の取引を仕訳しなさい。

①飯能銀行より¥6,000,000を約束手形を振出して借入れ，利息を差引かれ，手取金を当座預金とした。なお，借入期間は，146日，利率は年6％である（1年は365日とする）。

②駿河商店（株）へ¥2,000,000を貸付け，同額の約束手形を受取った。なお，貸付金は利息を差引き，残額を小切手を振出して支払った。貸付期間は4カ月間で，利率は3％である。

③加治商店（株）は仏子商事（株）に¥400,000を貸付け，同額の約束手形を受取った。なお，利息分¥10,000を差引き，残額は現金で渡した。

④加治商店（株）は，上記③の約束手形につき，満期日が到来し，仏子商事（株）から小切手で¥400,000の返済を受けた。

	借方科目	金　額	貸方科目	金　額
①				
②				
③				
④				

【問題4】 加治商店（株）では，次の表に記載の補助簿を用いている。下記の取引が記帳される補助簿の関係欄に○印を記入しなさい。

取　　引	現金出納帳	当座預金出納帳	仕入帳	売上帳	商品有高帳	売掛金元帳	買掛金元帳	受取手形記入帳	支払手形記入帳
① 駿河商店（株）から商品を仕入れ，その代金の一部として約束手形を振出し，残額は小切手を振出して支払った。									
② 飯能商店（株）へ商品を売渡し，その代金の一部は小切手で受取り，残額は約束手形を受取った。									
③ 仏子商店（株）から商品を仕入れ，その代金の一部は約束手形を振出し，残額は掛とした。									

【問題5】 次の取引を仕入帳および仕入先（買掛金）元帳，支払手形記入帳に記入しなさい。なお，各帳簿とも締切る必要はない。

令和○年 7 月 4 日　駿河商店（株）から A 商品 70 個を単価 ¥ *10,000* で仕入れ，代金は掛とした。

令和○年 7 月 19 日　駿河商店（株）に対する買掛金の支払いのために，小切手 ¥ *100,000* を振出して渡した。

令和○年 7 月 25 日　駿河商店（株）に対する買掛金の返済のために，約束手形 ＃ 66 ¥ *300,000* を振出して渡した。この約束手形の支払期日は令和○年 9 月 13 日，支払場所は宮城銀行本店である。

仕　入　帳

令和○年		摘　　要	金　　額

仕入先（買掛金）元帳
駿河商店

令和○年		摘　　要	借　方	貸　方	借または貸	金　　額
7	1	前　月　繰　越		*400,000*	貸	*400,000*

支 払 手 形 記 入 帳

令和○年	摘要	金額	手形種類	手形番号	受取人	振出人	振出日 月	日	期日 月	日	支払場所	てん末 月	日	摘要

【問題6】　次の連続した取引について，駿河商店（株）と埼玉商店（株）の仕訳を示しなさい。

①駿河商店（株）は，埼玉商店（株）に商品￥300,000を売渡し，代金は掛とした。

②駿河商店（株）は，取引銀行を通じて埼玉商店（株）に対する売掛金￥300,000について，電子債権記録機関に対して電子記録債権の発生記録の請求をおこなった。埼玉商店（株）は，電子債権記録機関から電子記録債務の発生記録の通知を受け，これを承諾した。

③電子記録債権の決済期日になり，駿河商店（株）の普通預金口座と埼玉商店（株）の当座預金口座の間で決済がおこなわれた。

駿河商店の仕訳

	借方科目	金　額	貸方科目	金　額
①				
②				
③				

埼玉商店の仕訳

	借方科目	金　額	貸方科目	金　額
①				
②				
③				

第12章 有形固定資産

1. 有形固定資産

　　固定資産には，備品，車両運搬具，建物，土地など，長期にわたって使用するために保有する，具体的な存在形態を有する有形固定資産がある。

2. 有形固定資産の取得原価

　　有形固定資産を購入したときは，購入代価に付随費用を加えて，それぞれの勘定の借方に取得原価を記入する。

3. 資本的支出と収益的支出

　　有形固定資産を購入した後に，その有形固定資産について金銭を支出した場合，その支出によって有形固定資産の価値が増加，または耐用年数が延長する場合には，資本的支出として，その支出額を有形固定資産の取得原価に加える。一方，有形固定資産について，通常予定される修理・保守のための支出は，収益的支出として修繕費で処理する。

4. 減価償却費勘定

　　土地などの非償却資産を除いて，有形固定資産は，使用または時の経過に伴ってその価値が減少するため，決算に際して，当期中の価値の減少分を当期の減価償却費として計上する。

5. 定額法

　　1年分の減価償却費は，定額法の場合，次の算式で計算する。

$$減価償却費 \ = \ \frac{取得原価 - 残存価額}{耐用年数}$$

6. 有形固定資産の減価償却の記帳方法（減価償却累計額勘定）

　　減価償却の記帳方法には，直接，有形固定資産を減額する直接法と，減価償却累計額勘定を用いる間接法があるが，ここでは間接法で処理することにする。

7. 固定資産売却益勘定・固定資産売却損勘定

　　有形固定資産を売却した場合，帳簿価額と売価との差額を固定資産売却益勘定（収益）・固定資産売却損勘定（費用）で処理する。

8. 固定資産台帳

　　有形固定資産の取得や売却そして減価償却に関する明細，残高（帳簿価額）などを記録するために用いられる補助簿を固定資産台帳という。

9. 月ごとに簡易な決算をおこない1カ月分の減価償却費を計上する方法

　　月次決算をおこなう場合は，1年分の減価償却費を月割りで計上する。かような場合でも年次決算時に決算月の減価償却費を計上する。

【問題1】　次の取引を仕訳しなさい。

①駿河商店（株）は土地を石神井商店（株）から¥7,000,000で購入し，整地費用¥250,000，登記料¥150,000および仲介手数料¥100,000とともに，代金は小切手を振出して支払った。

②大泉商店（株）は営業用の建物¥40,000,000を高野台商店（株）から購入し，小切手を振出して支払った。なお，駿河不動産（株）への手数料¥150,000と登記料¥200,000は現金で支払った。

③富士見商店（株）は，事務所用の机・いすを¥300,000で購入し，代金は引取運賃¥15,000と合わせて月末に支払うことにした。

	借方科目	金　額	貸方科目	金　額
①				
②				
③				

【問題2】　次の取引を仕訳しなさい。

①駿河商店（株）は，店舗の内装を改修し，改修のための費用¥3,500,000を小切手を振出して支払った。

②小手指商店（株）は，営業用乗用車の定期整備をおこない，整備代¥15,000を現金で支払った。

③入間商店（株）は，店舗の陳列棚のガラスが破損し，取替えのための費用¥10,000を現金で支払った。

	借方科目	金　額	貸方科目	金　額
①				
②				
③				

【問題3】 次の取引を仕訳しなさい。

①藤井寺商店（株）は，決算（年1回）にあたり，当期首に取得したトラック1台（取得原価 ¥ 3,000,000，耐用年数5年，残存価額は取得原価の10%）の減価償却を定額法でおこなう。（間接法）

②岸和田商店（株）は，決算（年1回）にあたり，購入後3年度目となる備品（取得原価 ¥ 400,000，耐用年数6年，残存価額は取得原価の10%）について減価償却をおこなう。なお，減価償却は定額法で，記帳方法は間接法である。

③難波商店（株）は，決算にあたり，当期首（1月1日）に取得した備品（事務机，取得原価 ¥ 150,000，耐用年数5年，残存価額は取得原価の10%）の減価償却をおこなう。（間接法）

	借方科目	金　額	貸方科目	金　額
①				
②				
③				

【問題4】 次の取引の仕訳をしなさい。

①取得原価 ¥ 500,000，減価償却累計額 ¥ 100,000 の備品を ¥ 430,000 で売却し，代金のうち ¥ 100,000 は小切手で受取り，残額は月末に受取ることにした。

②建物（取得原価 ¥ 10,000,000，減価償却累計額 ¥ 2,000,000）を ¥ 5,000,000 で売却し，代金は月末に受取ることにした。

③トラック（取得原価 ¥ 5,000,000，減価償却累計額 ¥ 2,600,000）を ¥ 2,300,000 で売却し，代金は月末に受取ることにした。

	借方科目	金　額	貸方科目	金　額
①				
②				
③				

【問題 5】　次の固定資産台帳にもとづき空欄の（a）～（e）に当てはまる適切な金額を答えなさい。なお，減価償却は，定額法で残存価額はゼロ，間接法で記帳しており，期中取得した場合には減価償却費は月割計算で計上している。また，決算日は 12 月 31 日で，当期は令和○ 3 年 1 月 1 日から令和○ 3 年 12 月 31 日までである。

固定資産台帳

令和○ 3 年 12 月 31 日現在　　　　　　　　（単位：千円）

取得年月日	種類用途	期末数量	耐用年数	期　首（期中取得）取得原価	期　首減価償却累　計　額	差引期首（期中取得）帳簿価額	当　期減価償却費
令和○年 1 月 1 日	備品 X	1	8 年	2,400	900	（　a　）	（　b　）
令和○ 2 年 6 月 4 日	備品 Y	3	5 年	1,800	（　c　）	（　　　）	（　d　）
令和○ 3 年 1 月 1 日	備品 Z	2	4 年	1,000	0	1,000	（　e　）

a	b	c

d	e

第13章 資本金

1．資本金勘定で処理される純資産（または資本）の増減取引
  （a）株主からの資本の出資
  （b）株主からの追加出資
    会社の設立時や設立後に資金の調達をおこなうために株式を発行した場合，株主から受ける金銭等による払込額は資本金勘定を用いて処理する。
  （c）当期純利益の計上
    決算において損益勘定に振替えられた収益と費用の差額によって算定された当期純利益（または当期純損失）は損益勘定から繰越利益剰余金勘定に振替えられ，翌期に繰越される。
2．配　当
    株主総会で配当をおこなう決議をおこなった場合，利益を原資として配当がおこなわれることから，繰越利益剰余金（前期までの利益の留保額）を取り崩す（減少させる）とともに，株主への配当の支払義務を未払配当金勘定（負債）に計上する。また，株主への配当をおこなう場合には，配当の10分の1に相当する金額を利益準備金として積み立てることが強制されることから，繰越利益剰余金勘定を減少させて利益準備金を増加させる処理をおこなう。

【問題1】　次の取引を仕訳し，資本金勘定および繰越利益剰余金勘定に転記しなさい。

1 月 1 日　株主から現金¥1,500,000，土地¥5,000,000および機械装置¥3,000,000を出資され，開業した。

8 月 3 日　株主から自己所有の土地¥1,400,000を事業拡張のために追加出資された。

12月31日　決算の結果，当期純利益¥450,000を繰越利益剰余金勘定に振替える。

	借方科目	金　額	貸方科目	金　額
1／1				
8／3				
12/31				

資本金

繰越利益剰余金

【問題2】 次の各取引について仕訳しなさい。

①駿河商店（株）は株主総会で繰越利益剰余金¥ 1,000,000 から，株主への配当¥ 200,000 と利益準備金の積立¥ 20,000 をおこなうことが承認された。

②上記①の株主配当金を普通預金口座から株主の指定する預金口座へ支払った。

	借方科目	金　額	貸方科目	金　額
①				
②				

【問題3】 次の取引を仕訳しなさい。

① 12 月 31 日　決算の結果，当期純利益¥ 600,000 を繰越利益剰余金勘定に振替える。

② 3 月 31 日　決算の結果，当期純損失¥ 200,000 を繰越利益剰余金勘定に振替える。

	借方科目	金　額	貸方科目	金　額
①				
②				

第14章 収益と費用

1．見越し

①収益の未収

　すでに用役の提供をおこなっているが，その対価を受取っていない場合，収益を見越し計上するとともに，その対価を未収収益勘定として資産に計上する。

②費用の未払

　すでに用役の提供を受けているが，その対価を支払っていない場合，費用を見越し計上するとともに，その対価を未払費用勘定として負債に計上する。

2．繰延べ

①収益の前受

　いまだ用役の提供をおこなっていないが，その対価をすでに受取っている場合，収益の一部を繰延べ，その対価を前受収益勘定として負債に計上する。

②費用の前払

　いまだ用役の提供を受けていないが，その対価をすでに支払っている場合，費用の一部を繰延べ，その対価を前払費用勘定として資産に計上する。

3．再振替仕訳

　経過勘定項目は，翌期首において，再振替仕訳をおこない，ふたたび費用または収益の諸勘定に振戻されることになる。

4．売上原価

　売上原価を「仕入」の行で計算する場合

　（期首商品棚卸高）

　（借）仕　　入　×××　　　　（貸）繰越商品　×××

　（期末商品棚卸高）

　（借）繰越商品　×××　　　　（貸）仕　　入　×××

5．消耗品費勘定

　消耗品は，実務上の一般的な処理に合わせ，購入時に消耗品費勘定を用いて費用処理し，決算時に未使用高があっても資産に計上せず，購入額をそのまま当期に費用計上する。

6．貯蔵品勘定

　郵便切手や収入印紙など換金性の高いものは，購入時に各々の費目で費用処理し，決算時に未使用高を貯蔵品勘定に計上する処理をおこなう。なお，翌期首には再振替仕訳をおこなう。

【問題 1】　次の収益および費用の見越し・繰延べについて仕訳しなさい。なお，当社の会計期間は，12 月末日を決算日とする 1 年である。

①取引先の駿河商店（株）に対し，年利 8%，利払日毎年 9 月末日の条件で，¥ 500,000 を貸付けている。決算にあたり，利息の未収分を見越し計上する。

②加治商店（株）は，自動車を所有しており，当該自動車の自動車保険は，毎年 8 月 1 日に向こう 1 年分（¥ 360,000）の保険料を一括して支払っている。決算にあたり，保険料の前払分を繰延べている。

③仏子銀行からの借入金 ¥ 2,000,000 に係る利息を，年利 8%，利払日毎年 3 月および 9 月末日に支払っている。決算に際して，利息の未払分を見越し計上する。

④所沢商店（株）は，賃貸マンションを所有しており，毎月の家賃は，前月末までに普通預金に振込まれている。来年 1 月分の家賃 ¥ 150,000 はすでに受取家賃として処理されているものの，決算につき家賃の前受として繰延べる。

	借方科目	金　額	貸方科目	金　額
①				
②				
③				
④				

【問題 2】　次の取引について仕訳し，支払保険料および前払保険料の各勘定の記入をしなさい。

10/ 1　事務所の火災保険料の向こう 1 年分 ¥ 240,000 を現金で一括払いした。

12/31　決算日につき，9 カ月分の前払保険料 ¥ 180,000 を繰延べた。

1/ 1　前払保険料 ¥ 180,000 を保険料に振戻した。

	借方科目	金　額	貸方科目	金　額
10/ 1				
12/31				
1/ 1				

【問題3】 次の資料にもとづいて，売上原価を「仕入」の行でおこなうさいに必要な仕訳を示しなさい。なお，期末商品棚卸高は¥ 100,000 であった（決算日は3月31日）。

(資料)

繰越商品

4／1　　90,000	

	借方科目	金　額	貸方科目	金　額
3/31				

【問題4】 次の取引の仕訳をしなさい。

①郵便切手¥ 10,000 と収入印紙¥ 8,000 を現金で購入し，全額を費用処理した。

②決算にさいして，上記①のうち未使用の郵便切手¥ 5,000 と収入印紙¥ 3,000 を貯蔵品勘定に振替えた。

③翌期首において，上記②の再振替仕訳をおこなった。

	借方科目	金　額	貸方科目	金　額
①				
②				
③				

第15章 税　　金

1．租税公課勘定

　　個人企業に課される税金のうち，租税公課勘定（費用）となる税金は次である。固定資産税，登録免許税，印紙税そして自動車税など

2．株式会社の利益に課される税金

　（1）課税所得

　　法人税は，課税所得に一定の税率を乗じて算定する。この場合，課税所得は，会計上の利益から益金不算入項目を控除し，益金算入項目を加算して算出される益金と，会計上の費用から損金不算入項目を控除し，損金算入項目を加算して算出される損金の差額として計算される。

　（2）法人税，住民税および事業税

　　法人税，住民税および事業税は，企業の所得に対して課される税金であり，申告や納付の方法が同じであることから，実務上はまとめて，法人税，住民税及び事業税勘定で処理する。

　（3）法人税等の中間申告納付時の処理

　　法人税等の中間申告で中間納付額を納めた場合，仮払法人税等勘定の借方に記入する。

　（4）決算時の法人税等の処理

　　決算により法人税等の納付額が確定した場合，法人税，住民税及び事業税勘定の借方に記入し，中間納付額と源泉徴収額を仮払法人税等勘定の貸方に記入し，差額を未払法人税等勘定の貸方に記入する。

　（5）確定申告・納付時の処理

　　確定申告をおこなって法人税等の未払分を納付した場合，未払法人税等勘定の借方に記入する。

2．消費税

　（1）税抜方式

　　消費税の記帳方法には，消費税部分を区別して処理する税抜方式がある。税抜方式では，商品の仕入時等に消費税部分を仮払消費税勘定の借方に記入する。また，商品の販売時には，消費税部分を仮受消費税勘定の貸方に記入する。そして，決算時に，仮払消費税勘定と仮受消費税勘定とを相殺し，仮払分よりも仮受分が多い場合は，その差額を未払消費税勘定の貸方に記入し，仮払分よりも仮受分が少ない場合は，その差額を未収消費税勘定の借方に記入する。そして，確定申告・納付時に，未払消費税勘定の借方に（未収消費税勘定の場合は貸方に）記入する。

　（2）税込方式

　　消費税の記帳方法には，消費税部分を区別しないで処理する税込方式もある。

【問題1】 以下の一連の取引を仕訳しなさい。

①収入印紙¥2,500を購入し，代金は店の現金で支払った。

②建物と機械に対する固定資産税¥450,000の納税通知書を受取り，全額を現金で納付した。

	借方科目	金　額	貸方科目	金　額
①				
②				

【問題2】 次の一連の取引の仕訳を示しなさい。

① 20×6年11月30日，中間決算をおこない，法人税，住民税および事業税が，各々，¥3,000,000，¥1,400,000，¥640,000と計算されたため，前年度の法人税等の納付額¥11,000,000の2分の1と比べて少ない方の金額を現金で納付した。

② 20×7年3月31日，決算をおこなったところ，法人税は¥6,560,000，住民税は¥3,280,000，事業税は¥1,240,000と確定した。

③ 20×7年5月31日，確定申告をおこなって②の法人税，住民税および事業税のうち中間納付額を除いて税額を現金で納付した。

	借方科目	金　額	貸方科目	金　額
①				
②				
③				

【問題3】 次の一連の取引の仕訳を税抜方式で示しなさい。なお，商品売買は三分法で記帳する。

①商品¥3,500,000を仕入れ，代金は10%の消費税を含めて掛とした。

②商品¥6,400,000を販売し，代金は10%の消費税を含めて掛とした。

③決算において，商品売買にかかる消費税の納付額を計算し，これを確定した。なお，当該年度の商品売買取引は先の①と②のみである。

④確定申告をおこない，先の決算で確定した消費税を現金で納付した。

	借方科目	金　額	貸方科目	金　額
①				
②				
③				
④				

第16章 伝　票

1．伝票会計制度

　　まず，伝票に取引の原始記入をおこない（起票），この伝票記入にもとづいて総勘定元帳に転記する。

2．三伝票制

　　三伝票制では，伝票を入金伝票，出金伝票，振替伝票の3つの種類に分けている。入金伝票および出金伝票は，それぞれ現金の受入れ（入金取引）と現金の支払い（出金取引）を記入する伝票であり，振替伝票は現金の入出金以外の取引（振替取引）を記入する伝票である。

3．一部振替取引

　　1つの取引が入出金取引とそれ以外の振替取引とからなる場合を一部振替取引といい，この取引は2つの取引に還元して考える必要がある。この場合に，次の2つの方法が考えられる。

　①取引を分解して，現金の入出金に係る部分を入金伝票または出金伝票で起票し，その他の部分を振替伝票で起票する方法

　②取引を擬制（振替取引を2つの現金の入出金取引に置換える）して，入金伝票と出金伝票のみ起票する方法

【問題1】 商品を仕入れ，代金¥ *120,000* のうち，¥ *50,000* を現金で支払い，残額を掛とした取引について，出金伝票（A）のように作成したとき，解答用紙の（B）の振替伝票の記入を示しなさい。

（A）

出金伝票	
仕　　入	*50,000*

（B）

振替伝票			
借方科目	金　　額	貸方科目	金　　額
（　　　　　）	（　　　　　）	（　　　　　）	（　　　　　）

【問題2】 商品を売上げ，代金￥ *150,000* のうち，￥ *80,000* を現金で受取り，残額を掛とした取引について，入金伝票（A）のように作成したとき，解答用紙の（B）の振替伝票の記入を示しなさい。

（A）

入金伝票
売　掛　金　　　　*80,000*

（B）

振替伝票			
借方科目	金　　額	貸方科目	金　　額
（　　　　　）	（　　　　　）	（　　　　　）	（　　　　　）

【問題3】 次の取引について起票した2枚の伝票から，取引を推定して，仕訳帳に仕訳をしなさい。なお，小書きおよび元丁欄の記入は不要である。

入金伝票	
8月15日	
売　　　上	*50,000*

振替伝票			
8月15日			
売　掛　金	*80,000*	売　　　上	*80,000*

仕訳帳

令和〇年		摘　　要	元　丁	借　　方	貸　　方

【問題 4】 次の取引を入金伝票・出金伝票・振替伝票に記入しなさい。

令和○年 12 月 5 日　駿河銀行から現金￥ *100,000* を借入れた。（伝票№ 88）

令和○年 12 月 10 日　九州商店（株）に対する売掛金￥ *1,500,000* の回収について，同店振出しの約束手形を受取った。（伝票№ 77）

令和○年 12 月 15 日　入間商店に対する買掛金￥ *30,000* を現金で支払った。（伝票№ 64）

入　金　伝　票　　No.　　　　　令和　　年　　月　　日	承認印	主帳印	会計印	係印	印
科目　　　　　　　　　　　　　　入金先　　　　　　　　　　　　　　　　殿					

摘　　　　　要	金　額
合　　　　計	

出　金　伝　票　　No.　　　　　令和　　年　　月　　日	承認印	主帳印	会計印	係印	印
科目　　　　　　　　　　　　　　支払先　　　　　　　　　　　　　　　　殿					

摘　　　　　要	金　額
合　　　　計	

振　替　伝　票　　No.　　　　　令和　　年　　月　　日	承認印	主帳印	会計印	係印	印

金　　額	借方科目	摘　　要	貸方科目	金　　額
		合　　　　計		

【問題5】 次の各種伝票の記入を解答用紙の各勘定口座（Ｔフォーム）の空欄に転記しなさい。なお，
口座の（　）には相手勘定，［　］には金額を記入すること。

入　金　伝　票			No. 8	承認印	×	主帳印		会計印	○	係印	●

令和　○　年　7月　15日

科目	売　掛　金	入金先	阿須商店（株）　　　　　　　殿		
摘　　　　　要			金　額		
売掛金の回収				1 5 0 0 0 0	
合　　　計			¥ 1 5 0 0 0 0		

出　金　伝　票			No. 11	承認印	×	主帳印		会計印	○	係印	●

令和　○年　7月　17日

科目	仕　　入	支払先	小手指商店（株）　　　　　　殿		
摘　　　　　要			金　額		
商品の仕入代金の支払い				7 0 0 0 0	
合　　　計			¥ 7 0 0 0 0		

振　替　伝　票		No. 16	承認印	×	主帳印		会計印	○	係印	●

令和　○年　7月　19日

金　　額	借方科目	摘　　　要	貸方科目	金　　　額
2 0 0 0 0 0	買　掛　金	約束手形の振出し	支払手形	2 0 0 0 0 0
¥ 2 0 0 0 0 0		合　　　計		¥ 2 0 0 0 0 0

現　　金

7/15（　　　）　＜ 8 ＞［　　　　］	7/17（　　　）　＜ 11 ＞［　　　　］

売　掛　金

	7/15（　　　）　＜ 8 ＞［　　　　］

支払手形

	7/19（　　　）　＜ 16 ＞［　　　　］

買　掛　金

7/19（　　　）　＜ 16 ＞［　　　　］	

仕　　入

7/17（　　　）　＜ 11 ＞［　　　　］	

【問題6】駿河商店（株）では，入金伝票・出金伝票・振替伝票の3伝票制で伝票式会計を実施しており，伝票に記入された毎日の取引を1日分ずつ集計して仕訳日計表を作成している。同店の令和○年8月15日の取引について作成された次の伝票により，仕訳日計表を作成し，総勘定元帳と補助元帳における各勘定へ転記しなさい。

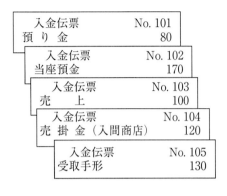

入金伝票	No. 101
預 り 金	80

入金伝票	No. 102
当座預金	170

入金伝票	No. 103
売　　上	100

入金伝票	No. 104
売 掛 金 (入間商店)	120

入金伝票	No. 105
受取手形	130

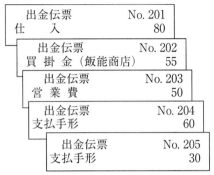

出金伝票	No. 201
仕　　入	80

出金伝票	No. 202
買 掛 金 (飯能商店)	55

出金伝票	No. 203
営 業 費	50

出金伝票	No. 204
支払手形	60

出金伝票	No. 205
支払手形	30

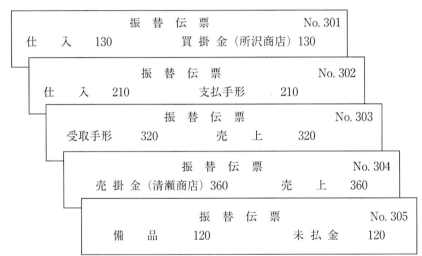

振 替 伝 票		No. 301
仕　　入　130	買 掛 金 (所沢商店)	130

振 替 伝 票		No. 302
仕　　入　210	支払手形	210

振 替 伝 票		No. 303
受取手形　320	売　　上	320

振 替 伝 票		No. 304
売 掛 金 (清瀬商店) 360	売　　上	360

振 替 伝 票		No. 305
備　　品　120	未 払 金	120

<u>仕訳日計表</u>

令和〇年8月15日

借　　方	勘定科目	貸　　方
	現　　　　　金	
	当　座　預　金	
	受　取　手　形	
	売　　掛　　金	
	備　　　　　品	
	支　払　手　形	
	買　　掛　　金	
	未　　払　　金	
	預　　り　　金	
	売　　　　　上	
	仕　　　　　入	
	営　業　費	

現　　　金

諸　口	1,400	諸　口	600

当　座　預　金

諸　口	1,900	諸　口	500

受　取　手　形

諸　口	900	諸　口	400

売　掛　金

諸　口	900	諸　口	400

備　　品

諸　口	800		

支　払　手　形

		諸　口	700

買　掛　金		
諸　口	200	諸　口	900

未　払　金	
	諸　口	300

預　り　金	
	諸　口	300

売　　上	
	諸　口	300

仕　　入	
諸　口	1,300	

営　業　費	
諸　口	300	

補助元帳

得意先元帳

入　間　商　店		
諸　口	500	諸　口	200

清　瀬　商　店		
諸　口	400	諸　口	200

仕入先元帳

飯　能　商　店		
諸　口	50	諸　口	500

所　沢　商　店		
諸　口	150	諸　口	400

第17章 決算（2）

1．決算整理手続

　　決算整理手続とは，元帳記録を期間計算目的の観点から修正する手続であり，帳簿上は，仕訳帳に決算整理仕訳をおこない，総勘定元帳に転記して元帳記録を修正する。

2．決算整理事項

　　①現金過不足の処理

　　②商品の棚卸

　　③貸倒引当金の設定

　　④固定資産に係る減価償却費の計上

　　⑤収益および費用の見越し・繰延べ

　　⑥仮払金・仮受金などの未決算勘定の処理

【問題1】 次の資料にもとづいて，①決算整理仕訳と損益振替仕訳ならびに②元帳への転記をおこないなさい。なお，期末商品棚卸高は，￥110,000である（決算日は12月31日）。

	繰 越 商 品		
1/1 前期繰越	80,000		

	仕 入		
諸　口	600,000		

	売 上		
		諸　口	900,000

	損 益		

	借方科目	金　　額	貸方科目	金　　額
決算整理				
損益振替				

【問題2】　次の（1）決算整理前の勘定残高および（2）期末整理事項にもとづいて，決算整理仕訳をしなさい。なお，会計期間は令和○年4月1日から翌年令和○1年3月31日までの1年間である。

（1）勘定残高

現　　　　　金　¥ 704,000　売　　掛　　金　¥ 500,000
繰　越　商　品　¥ 460,000　備　　　　　品　¥ 800,000
貸　倒　引　当　金　¥ 8,000　仮　　払　　金　¥ 25,000
仮　　受　　金　¥ 200,000　減価償却累計額　¥ 288,000

（2）期末整理事項

①現金の実際手許有高は¥ 370,000であった。不一致の原因のうち，¥ 10,000はタクシー代（交通費）の記帳もれであった。それ以外の不一致の原因は不明である。

②売掛金の期末残高に対して3%の貸倒れを見積もる。なお，貸倒引当金の設定は差額補充法による。

③期末商品棚卸高は¥ 430,000である。

④備品について，取得原価¥ 1,000,000，残存価額（取得原価の10%），耐用年数10年の定額法によって減価償却をおこなう。

⑤仮払金¥ 25,000は，出張社員に前もって支払った旅費の概算額であり，決算日において同社員から実際の旅費の支払額は¥ 32,000との報告を受け，不足分を現金で支払った。

⑥仮受金¥ 200,000は，得意先駿河商店（株）から商品代金の一部として前もって受取った金額である。

⑦令和○年12月31日に借入期間1年，利率年2%で¥ 500,000を借入れたが，利息は元金とともに満期日に支払うことになっている。決算にあたり，未払分を見越し計上する。

⑧受取利息の未収分が¥ 3,300ある。

⑨令和○年10月1日に向こう1年分の家賃¥ 480,000を支払っており，決算にあたり未経過分を繰延べる。

	借方科目	金　額	貸方科目	金　額
①				
②				
③				
④				
⑤				
⑥				
⑦				
⑧				
⑨				

【問題3】　次の決算整理事項にもとづいて，解答用紙の精算表を作成しなさい。ただし，会計期間は令和○年4月1日から翌年令和○1年3月31までの1年である。

1 受取手形および売掛金の期末残高に対して3%の貸倒れを見積もる。貸倒引当金の設定は差額補充法による。

2 期末商品棚卸高は¥38,000であった。売上原価は，「仕入」の行で計算すること。

3 備品について残存価額¥10,000，耐用年数8年の定額法によって減価償却をおこなう。

4 借入金利息の未払分が¥180あった。

5 受取手数料の未収分が¥850あった。

6 支払保険料の前払分が¥280あった。

精　算　表

勘定科目	試算表		修正記入		損益計算書		貸借対照表	
	借方	貸方	借方	貸方	借方	貸方	借方	貸方
現　　　　金	116,000							
受　取　手　形	45,000							
売　　掛　　金	35,000							
繰　越　商　品	30,000							
備　　　　品	120,000							
支　払　手　形		12,800						
買　　掛　　金		6,000						
借　　入　　金		50,000						
貸　倒　引　当　金		400						
備品減価償却累計額		36,000						
資　　本　　金		180,000						
繰越利益剰余金		20,000						
売　　　　上		200,000						
受　取　手　数　料		800						
仕　　　　入	116,000							
給　　　　料	35,400							
支　払　家　賃	3,600							
支　払　保　険　料	720							
支　払　利　息	4,280							
	506,000	506,000						
貸倒引当金繰入								
減　価　償　却　費								
（　　　）手数料								
（　　　）利　息								
（　　　）保険料								
当　期　純（　　　）								

【問題 4】　決算整理前の（A）残高試算表および（B）期末修正事項にもとづき勘定式損益計算
書および貸借対照表を作成しなさい。

（A）残高試算表

残高試算表

令和○ 1 年 3 月 31 日

借　　方	勘 定 科 目	貸　　方
10,000	現　　　　　金	
9,000	普 通 預 金	
20,000	当 座 預 金	
18,000	受 取 手 形	
17,000	売　　掛　　金	
8,000	繰 越 商 品	
200	仮　　払　　金	
32,000	備　　　　　品	
	支 払 手 形	13,000
	買　　掛　　金	15,000
	預　　り　　金	6,000
	借　　入　　金	20,000
	仮　　受　　金	1,700
	貸 倒 引 当 金	500
	備品減価償却累計額	2,000
	資　　本　　金	30,000
	繰 越 利 益 剰 余 金	20,000
	売　　　　　上	40,000
	受 取 利 息	1,800
24,000	仕　　　　　入	
4,000	給　　　　　料	
4,800	支 払 家 賃	
3,000	支 払 保 険 料	
150,000		150,000

（B）期末整理事項

1 期末商品棚卸高は，¥ 8,400 であった。

2 仮受金¥ 1,700 は，得意先駿河商店（株）からの掛代金の振込みであった。

3 受取手形および売掛金の期末残高に対し，3％の貸倒引当金を設定する。なお，差額補充法に
　よること。

4 備品の減価償却費を残存価額ゼロ，耐用年数 10 年の定額法によって計上する。

5 仮払金¥ 200 は，社員の所得税源泉徴収税額を国庫に納付したものであった。

6 受取利息の未収分が¥ 120 あった。

7 家賃および保険料の前払分が，それぞれ¥ 1,800，¥ 270 あった。

8 給料の未払分が¥ 1,300 あった。

82

損益計算書

令和○年4月1日から令和○1年3月31日まで

費　用	金　額	収　益	金　額
売 上 原 価	（　　　　　）	売 上 高	（　　　　　）
給 料	（　　　　　）	受 取 利 息	（　　　　　）
支 払 家 賃	（　　　　　）		
支 払 保 険 料	（　　　　　）		
貸倒引当金繰入	（　　　　　）		
減 価 償 却 費	（　　　　　）		
当 期 純 利 益	（　　　　　）		

貸借対照表

令和○1年3月31日

資　産	金　額	負債および純資産	金　額
現 金	（　　　）	支 払 手 形	（　　　）
普 通 預 金	（　　　）	買 掛 金	（　　　）
当 座 預 金	（　　　）	借 入 金	（　　　）
受 取 手 形	（　　　）	預 り 金	（　　　）
貸 倒 引 当 金	（　　　）（　　　）	未 払 費 用	（　　　）
売 掛 金	（　　　）	資 本 金	（　　　）
貸 倒 引 当 金	（　　　）（　　　）	繰越利益剰余金	（　　　）
商 品	（　　　）		
前 払 費 用	（　　　）		
未 収 収 益	（　　　）		
備 品	（　　　）		
（　　　）	（　　　）（　　　）		

【問題5】　駿河商店（株）（会計期間は令和○年1月1日〜令和○年12月31日）の次の決算整理事項によって精算表を完成させなさい。

　　決算整理事項

1. 期末商品棚卸高　　3,200（千円）

2. 貸 倒 引 当 金　　売掛金残高の3%の貸倒れを見積る。差額補充法により処理すること。

3. 備 品 減 価 償 却　　定額法（耐用年数は10年，残存価額は取得原価の10%）により減価償却費の計算をおこなう。記帳方法は，直接（控除）法による。なお備品の取得原価は 50,000（千円）であり，当期期首から使用を開始している。

4. 受取利息の未収高が 500（千円）ある。

5. 支払家賃の前払高が 100（千円）ある。

6. 給料の未払高が 300（千円）ある。

精　算　表

（単位：千円）

勘定科目	試算表		修正記入		損益計算書		貸借対照表	
	借方	貸方	借方	貸方	借方	貸方	借方	貸方
現　　　　　金	400							
当　座　預　金	28,000							
売　　掛　　金	9,000							
貸　倒　引　当　金		100						
有　価　証　券	32,000							
繰　越　商　品	3,000							
貸　　付　　金	18,000							
備　　　　　品	50,000							
買　　掛　　金		2,700						
前　　受　　金		1,800						
借　　入　　金		50,000						
資　　本　　金		30,000						
繰越利益剰余金		10,000						
売　　　　　上		320,000						
受　取　利　息		400						
仕　　　　　入	200,000							
給　　　　　料	60,000							
広　　告　　費	600							
交　　通　　費	1,200							
通　　信　　費	1,000							
消　耗　品　費	800							
支　払　家　賃	10,000							
支　払　利　息	1,000							
	415,000	415,000						
貸倒引当金繰入								
減　価　償　却　費								
（　　　　）利　息								
（　　　　）家　賃								
（　　　　）給　料								
当期純（　　　　）								

証憑による会計処理
しょうひょう

【問題1】 次の取引について仕訳しなさい。なお，商品売買の記帳方法は3分法による。

①商品¥ *1,000,000* を仕入れ，代金のうち¥ *400,000* は以下の小切手を振出して支払い，残額は掛とした。

```
                        小 切 手
      支払地
   ×××銀行○○○支店
          ¥400,000    ※
   上記の金額をこの小切手と引替に持参人へお支払いください。
   振出日  ×××年○月△日
                          株式会社    駿河商店
   振出地 ○県×市
                       振出人 代表取締役 ○○  ××印
```

②商品¥ *2,000,000* を販売し，代金として以下の小切手を受取った。

```
                        小 切 手
      支払地
   ×××銀行○○○支店
          ¥2,000,000   ※
   上記の金額をこの小切手と引替に持参人へお支払いください。
   振出日  ×××年□月◇日
                          株式会社    阿須商店
   振出地 ○都×区
                       振出人 代表取締役 □□ ○○印
```

	借方科目	金　額	貸方科目	金　額
①				
②				

【問題2】 次の取引について仕訳しなさい。なお，商品売買の記帳方法は三分法による。

①阿須商店（株）に商品を販売し，品物とともに以下の納品書兼請求書を発送し，代金の全額を
　掛代金として処理した。

納品書兼請求書			×年○月△日

阿須商店（株）御中

駿河商店（株）

品　物	数　量	単　価	金　　額
X 商品	100	500	¥50,000
Y 商品	200	300	¥60,000
送料	-	-	-
		合　計	¥110,000

×年○月30日までに合計額を下記口座にお振込下さい。
　××銀行○○支店　普通　1234567　カ）○○　○○

②加治商店（株）に対する1カ月分の売上を集計し，次の請求書を発注した。なお，加治商店に
　対する売上は，商品発送時ではなく1カ月分をまとめて仕訳をおこなうこととしている。

請求書			×年○月△日

加治商店（株）御中

駿河商店（株）

品　物	数　量	単　価	金　　額
A 商品	100	250	¥25,000
B 商品	200	150	¥30,000
送料	-	-	-
		合　計	¥55,000

×年○月30日までに合計額を下記口座にお振込下さい。
　××銀行○○支店　普通　1234567　カ）○○　○○

③飯能商店（株）に商品を販売し，品物とともに以下の納品書兼請求書を発送し，代金の全額を
　クレジットによる決済で処理した。なお信販会社への手数料としてクレジット決済の2％の手
　数料を計上する。

```
                        納品書兼請求書              ×年○月△日

  飯能商店（株）　　御中

                                            駿河商店（株）
```

品　物	数　量	単　価	金　　額
X 商品	100	500	￥50,000
Y 商品	200	250	￥50,000
送料	-	-	-
		合　計	￥100,000

```
  ×年○月30日までに合計額を下記口座にお振込下さい。
    ××銀行○○支店　普通　1234567　カ）○○　○○
```

	借方科目	金　　額	貸方科目	金　　額
①				
②				
③				

【問題3】　次の取引について仕訳しなさい。

①事務所の賃借契約を締結し，次の振込依頼書どおりに普通預金口座から振込んだ。

```
                        振込依頼書

  駿河商店（株）　　御中

                                        株式会社　所沢不動産
                                        発行日　○年×月△日
  以下の金額を下記口座へお振込ください。
```

内容		金額
敷金		￥100,000
○月分賃料		￥50,000
	合　計	￥150,000

②事務作業に用いる物品を購入し，品物とともに次の請求書を受取り，代金は後日支払うこととした。なお，￥100,000以上の物品は備品として処理し，それ以外の物品は費用処理している。

<table>
<tr><td colspan="4" style="text-align:center;">請求書</td><td style="text-align:right;">×年○月△日</td></tr>
</table>

請求書　　　　　　　　　　×年○月△日

駿河商店（株）御中

×××電機（株）

品　物	数　量	単　価	金　　額
パソコン	1	250,000	￥250,000
インクカートリッジ	20	1,000	￥20,000
送　料	-	-	-
合　計			￥275,000

×年○月30日までに合計額を下記口座にお振込下さい。
　　××銀行○○支店　普通　1234567　カ）×××電機

③次の納付書にもとづき，普通預金口座から法人税を納付した。

（納付書）領収済通知書

科　目		本　税	400,000	納期等○	80401
	法人税	○○○税		の区分○	90331
		△△△税			
住所	埼玉県飯能市○○	□□税		中間申告	確定申告
		××税			
氏名	駿河商店（株）	合計額	￥400,000	出納印○8.11.25×銀行	

④次の納付書にもとづき，普通預金口座から法人税を納付した。

（納付書）領収済通知書

科　目		本　税	700,000	納期等○	80401
	法人税	○○○税		の区分○	90331
		△△△税			
住所	埼玉県飯能市○○	□□税		中間申告	確定申告
		××税			
氏名	駿河商店（株）	合計額	￥700,000	出納印○9.5.25×銀行	

⑤商品を仕入れ，品物とともに次の納品書兼請求書を受取った。

納品書兼請求書　　　　　　　　　　　　　×年○月△日

駿河商店（株）御中

加治商店（株）

品　物	数　量	単　価	金　　額
A商品	100	200	¥20,000
B商品	200	150	¥30,000
送料	-	-	-
		消費税	¥5,000
		合　計	¥55,000

×年○月30日までにお支払いください。

⑥本日の売上の集計結果は次のとおりであった。なお，合計額のうち ¥300,000 はクレジット
カード，残りは現金による決済であった。

売上集計表　　　　　　　　　　　　　×年○月△日

品　物	数　量	単　価	金　　額
A商品	100	2,000	¥200,000
B商品	200	1,500	¥300,000
送料	-	-	-
		消費税	¥50,000
		合　計	¥550,000

×年○月30日までにお支払いください。

90

	借方科目	金　額	貸方科目	金　額
①				
②				
③				
④				
⑤				
⑥				

総合問題

第1問（45点）

　下記の各取引について仕訳しなさい。ただし，勘定科目は，設問ごとに最も適当と思われるものを選び，答案用紙の（　）の中に記号で解答すること。

1．仕入先東京商店から商品¥*500,000* を仕入れ，代金のうち¥*300,000* については約束手形を振出して支払い，残額は10%の消費税を含めて掛とした。

　　ア．仕入　　イ．現金　　ウ．仮払消費税　　エ．仮受消費税　　オ．支払手形　　カ．買掛金

2．建物と機械に対する固定資産税¥*500,000* の納税通知書を受取り，全額を現金で納付した。

　　ア．租税公課　　イ．貯蔵品　　ウ．消耗品費　　エ．通信費　　オ．現金　　カ．当座預金

3．出張中の従業員から当座預金口座に振込まれ，仮受金として処理していた¥*100,000* は，得意先京都商店から回収した売掛金代金¥*100,000* であることが判明した。

　　ア．前受金　　イ．売掛金　　ウ．現金　　エ．仮払金　　オ．買掛金　　カ．仮受金

4．損益勘定の記録によると当期の収益総額は¥*2,000,000* で費用総額は¥*2,300,000* であった。この差額を繰越利益剰余金勘定に振替える。

　　ア．繰越利益剰余金　　イ．雑益　　ウ．損益　　エ．資本金　　オ．当座預金　　カ．雑損

5．得意先が倒産し，前年度の商品売上にかかわる売掛金¥*120,000* が回収できなくなったので，貸倒れの処理をおこなう。なお，貸倒引当金の残高は¥*110,000* である。

　　ア．貸倒損失　　イ．前払金　　ウ．貸倒引当金　　エ．売上　　オ．売掛金　　カ．貸倒引当金繰入

6．加治株式会社に¥*10,000* を貸付け，同額の約束手形を受取り，利息¥*60* を差引いた残高を当社の普通預金口座から加治株式会社の普通預金口座に振込んだ。

　　ア．当座預金　　イ．定期預金　　ウ．普通預金　　エ．手形貸付金　　オ．貸付金　　カ．受取利息

7．広告宣伝費¥*30,000* を普通預金口座から支払った。また振込手数料として¥*200* が同口座から引落された。

　　ア．現金　　イ．支払利息　　ウ．普通預金　　エ．前払金　　オ．支払手数料　　カ．広告宣伝費

8．不用になった機械（取得原価¥*1,000,000*，減価償却累計額¥*600,000*，間接法で記帳）を期首に¥*500,000* で売却し，代金は月末に受取ることとした。

　　ア．機械装置　　イ．機械装置減価償却累計額　　ウ．減価償却費　　エ．未収入金

　　オ．固定資産売却損　　　カ．固定資産売却益

9. 土地を¥400,000で購入した。この土地の購入手数料¥20,000は現金で仲介業者に支払い，土地の代金は後日支払うこととした。

　　ア.土地　　イ.支払手数料　　ウ.現金　　エ.未払金　　オ.買掛金　　カ.減価償却費

10. 大宮株式会社は設立にあたり1株@¥5,000で50株の株式を発行し，¥250,000が普通預金口座に振込まれた。

　　ア.利益準備金　　イ.普通預金　　ウ.当座預金　　エ.資本金　　オ.現金　　カ.繰越利益剰余金

11. 従業員の生命保険料として現金¥30,000を立替払いした。

　　ア.当座預金　　イ.現金　　ウ.立替金　　エ.従業員預り金　　オ.法定福利費

　　カ.従業員立替金

12. 日高株式会社より商品の注文を受け，手付金として¥50,000を先方振出の小切手で受取った。

　　ア.未収入金　　イ.前払金　　ウ.現金　　エ.当座預金　　オ.仮受金　　カ.前受金

13. 高麗株式会社に¥500,000を貸付け，借用証書を受取り，利息¥5,000を差引いた残額を当社の当座預金口座から高麗株式会社の普通預金口座に振込んだ。

　　ア.貸付金　　イ.受取手数料　　ウ.手形貸付金　　エ.当座預金　　オ.受取利息　　カ.普通預金

14. 商品をクレジット払いで販売したことによって発生していたクレジット売掛金¥280,000について，本日決済され，普通預金口座に振込まれた。

　　ア.支払手数料　　イ.現金　　ウ.売上　　エ.普通預金　　オ.クレジット売掛金

　　カ.受取手形

15. 前期末において，切手の未使用分¥20,000と収入印紙の未使用分¥10,000を貯蔵品勘定へ振替える処理をおこなった。翌期首に，再振替仕訳をおこなった。

　　ア.貯蔵品　　イ.雑費　　ウ.租税公課　　エ.未払金　　オ.法人税，住民税及び事業税

　　カ.通信費

第2問（20点）

(1) 宮崎商店の令和○年9月の取引は次のとおりである。これらにもとづいて，それぞれの日付の取引が，答案用紙に示したどの補助簿に記入されるか，答案用紙に○印を付しなさい。

　6日　広島商店から商品¥500,000を仕入れ，代金のうち¥150,000については約束手形を振出して支払い，残額を掛けとした。なお，引取運賃¥10,000について小切手を振出して支払った。

　10日　愛知商店に商品¥600,000を売渡し，代金のうち¥400,000については愛知商店振出しの約束手形を受取り，残額については掛とした。なお，当店負担の発送費¥20,000については現金で支払った。

　18日　10日に愛知商店に対して売渡した商品の一部に品違いがあったため，¥20,000の返品を求められ，これを承諾し，掛代金から差し引くこととした。

　22日　鳥取商店にかねて注文しておいた商品¥200,000を引取り，約束手形を振出して支払った。

(2) 埼玉商店（株）（決算年1回，3月31日）は，当期5月1日に，営業に使用する目的で契約期間を6年とするサービスの手数料契約（年額¥600,000）を結んだ。この契約で，手数料は5月1日と11月1日に，向こう半年分¥300,000をそれぞれ現金で前払いすることとしている。よって，次の勘定記入の手順にもとづいて，答案用紙に示す当期（令和○年）の支払手数料勘定と前払手数料勘定の記入（転記または繰越記入）をおこないなさい。

勘定記入の手順

1．5月および11月に手数料の支払いの仕訳をおこない，支払手数料勘定に転記した（勘定への転記は，相手勘定科目および金額の記入によりおこなう。以下同様）。

2．決算日に，手数料の当期未経過高¥50,000を次期に繰延べる決算整理仕訳をおこない，各勘定に転記した。

3．決算日に，支払手数料勘定の残高を損益勘定に振替える決算振替仕訳をおこない，支払手数料勘定に転記して，締切った。

4．決算日に，前払手数料勘定の残高を繰越記入し，前払手数料勘定を締切った。

第3問 (35点)

次の決算整理事項にもとづいて，答案用紙の精算表を作成しなさい。

決算整理事項

(1) 商品の期末棚卸高は，¥45,000であった。

(2) 仮払金は，社員の出張に伴う旅費交通費を概算払いしたものである。決算日において社員が実際に支払った旅費交通費は，¥4,500との報告があり，残額は現金で受取った。この取引が未処理である。

(3) 愛媛商店から商品の手付金¥10,000を受取っていたが，これを売掛金から控除していた。決算に当たり，修正する。

(4) 受取手形および売掛金（(3)の修正を考慮すること）の期末残高に対し，2%の貸倒引当金を差額補充法により設定する。

(5) 備品について，定額法により減価償却をおこなう。残存価額は取得原価の10%，耐用年数は10年とする。

(6) 家賃の前払分¥10,000を計上する。

(7) 利息の未払分¥2,500を計上する。

(8) 手数料の未払分¥2,500を計上する。

第1問（45点）

	借　　方		貸　　方	
	（記　　号）	金　　額	（記　　号）	金　　額
1	（　　　　　　）		（　　　　　　）	
	（　　　　　　）		（　　　　　　）	
	（　　　　　　）		（　　　　　　）	
	（　　　　　　）		（　　　　　　）	
2	（　　　　　　）		（　　　　　　）	
	（　　　　　　）		（　　　　　　）	
	（　　　　　　）		（　　　　　　）	
	（　　　　　　）		（　　　　　　）	
3	（　　　　　　）		（　　　　　　）	
	（　　　　　　）		（　　　　　　）	
	（　　　　　　）		（　　　　　　）	
	（　　　　　　）		（　　　　　　）	
4	（　　　　　　）		（　　　　　　）	
	（　　　　　　）		（　　　　　　）	
	（　　　　　　）		（　　　　　　）	
	（　　　　　　）		（　　　　　　）	
5	（　　　　　　）		（　　　　　　）	
	（　　　　　　）		（　　　　　　）	
	（　　　　　　）		（　　　　　　）	
	（　　　　　　）		（　　　　　　）	
6	（　　　　　　）		（　　　　　　）	
	（　　　　　　）		（　　　　　　）	
	（　　　　　　）		（　　　　　　）	
	（　　　　　　）		（　　　　　　）	

	( )		( )	
7	( )		( )	
	( )		( )	
	( )		( )	
8	( )		( )	
	( )		( )	
	( )		( )	
	( )		( )	
9	( )		( )	
	( )		( )	
	( )		( )	
	( )		( )	
10	( )		( )	
	( )		( )	
	( )		( )	
	( )		( )	
11	( )		( )	
	( )		( )	
	( )		( )	
	( )		( )	
12	( )		( )	
	( )		( )	
	( )		( )	
	( )		( )	
13	( )		( )	
	( )		( )	
	( )		( )	

14	( )		( )	
	( )		( )	
	( )		( )	
	( )		( )	
15	( )		( )	
	( )		( )	
	( )		( )	
	( )		( )	

第2問　採点

第2問（20点）

（1）（12点）

日付 ＼ 帳簿	現金出納帳	当座預金出納帳	商品有高帳	売掛金元帳	買掛金元帳	仕入帳	売上帳	受取手形記入帳	支払手形記入帳
9 6									
10									
18									
22									

（2）（8点）

支払手数料

5/1	( )	( )	3/31	( )	( )
11/1	( )	( )	〃	( )	( )
		( )			( )

前払手数料

3/31	( )	( )	3/31	( )	( )

第3問 (35点)

精 算 表

(単位：千円)

勘定科目	試算表		修正記入		損益計算書		貸借対照表	
	借方	貸方	借方	貸方	借方	貸方	借方	貸方
現　　　　金	99,000							
当 座 預 金	120,000							
受 取 手 形	30,000							
売 　掛　 金	80,000							
仮 　払　 金	6,000							
貸 　付　 金	60,000							
繰 越 商 品	50,000							
備　　　　品	200,000							
支 払 手 形		62,800						
買 　掛　 金		60,000						
借 　入　 金		360,000						
貸 倒 引 当 金		1,200						
備品減価償却累計額		36,000						
資 　本　 金		80,000						
繰 越 利 益 剰 余 金		20,000						
売　　　　上		220,000						
受 取 利 息		10,000						
仕　　　　入	120,000							
支 払 家 賃	28,000							
給　　　　料	20,000							
旅 費 交 通 費	12,000							
支 払 手 数 料	13,000							
支 払 利 息	12,000							
合　　　　計	850,000	850,000						
(　　　　　)								
貸倒引当金(　)								
減 価 償 却 費								
(　　)家 賃								
(　　)利 息								
(　　)手 数 料								
当 期 純 (　)								
合　　　　計								

序　章　簿記の意義

【問題1】

①（財産管理）　　②（経営成績）　　③（時点）（財政状態）

【問題2】

①（複式）　　②（複式）　　③（貸借平均）　　④（商業）　　⑤（工業）

第1章　簿記の基本概念（1）

【問題1】

(1)（　A　）　(2)（　A　）　(3)（　L　）　(4)（　L　）　(5)（　C　）
(6)（　A　）　(7)（　O　）　(8)（　A　）　(9)（　A　）

【問題2】
(1) 資本金（¥ 160,000）
(2) 資本金（¥ 275,000）
(3) 現　金（¥ 140,000）

（解説）
(1) 資産¥ 480,000 －負債¥ 300,000 ＝純資産（または資本）¥ 180,000
　　¥ 180,000 －¥ 20,000（繰越利益剰余金）＝¥ 160,000
(2) 資産¥ 420,000 －負債¥ 115,000 ＝純資産（または資本）¥ 305,000
　　¥ 305,000 －¥ 30,000（繰越利益剰余金）＝¥ 275,000
(3) 資産（¥ 560,000 ＋現金の額）－負債¥ 50,000 ＝純資産（または資本）¥ 650,000
　　現金の額＝¥ 650,000 ＋¥ 50,000（繰越利益剰余金）－¥ 560,000 ＝¥ 140,000

【問題3】

貸借対照表

（借方）（駿河）商店		令和○年1月1日			（貸方）
資　　産	金　額	負債および純資産		金　額	
現　　　　　金	60,000	買　　掛　　金		48,000	
当　座　預　金	150,000	借　　入　　金		200,000	
売　　掛　　金	68,000	資　　本　　金		280,000	
貸　　付　　金	150,000				
土　　　　　地	100,000				
	528,000			528,000	

【問題4】

貸借対照表

(借方)(駿河)商店		令和○年12月31日		(貸方)
資　産	金　額	負債および純資産	金　額	
現　　　　　金	80,000	買　掛　金	58,000	
当　座　預　金	200,000	借　入　金	150,000	
売　　掛　　金	98,000	資　本　金	280,000	
貸　　付　　金	200,000	繰越利益剰余金	240,000	
土　　　　　地	150,000			
	728,000		728,000	

【問題5】

貸借対照表

(借方)(駿河)商店		令和○1年12月31日		(貸方)
資　産	金　額	負債および純資産	金　額	
現　　　　　金	100,000	買　掛　金	28,000	
当　座　預　金	250,000	借　入　金	130,000	
売　　掛　　金	128,000	資　本　金	280,000	
貸　　付　　金	240,000	繰越利益剰余金	440,000	
土　　　　　地	160,000			
	878,000		878,000	

第2章　簿記の基本概念（2）

【問題1】

(1) （　E　）　　(2) （　R　）　　(3) （　R　）

(4) （　E　）　　(5) （　E　）　　(6) （　O　）

(7) （　E　）　　(8) （　E　）　　(9) （　O　）

【問題2】

損益計算書

(借方)(加治)商店		令和○年1月1日から令和○年12月31日まで		(貸方)
費　用	金　額	収　益	金　額	
給　　　　　料	220,000	商　品　売　買　益	460,000	
交　　通　　費	22,500	受　取　利　息	50,000	
通　　信　　費	9,500			
広　　告　　費	6,000			
消　耗　品　費	9,000			
雑　　　　　費	3,000			
当　期　純　利　益	240,000			
	510,000		510,000	

【問題3】

損益計算書

（借方）（駿河）商店	令和○年1月1日から令和○年12月31日まで		（貸方）
費　　用	金　　額	収　　益	金　　額
給　　　　　料	200,000	商　品　売　買　益	441,000
交　　通　　費	22,000	受　取　利　息	23,000
通　　信　　費	6,000		
水　道　光　熱　費	2,000		
消　耗　品　費	3,000		
雑　　　　　費	1,000		
当　期　純　利　益	230,000		
	464,000		464,000

貸借対照表

（借方）（駿河）商店	令和○年12月31日		（貸方）
資　　産	金　　額	負債および純資産	金　　額
現　　　　　金	360,000	買　　掛　　金	30,000
当　座　預　金	230,000	借　　入　　金	60,000
売　　掛　　金	50,000	資　　本　　金	200,000
商　　　　　品	70,000	繰　越　利　益　剰　余　金	430,000
貸　　付　　金	10,000		
	720,000		720,000

（解説）

　当該企業の同じ会計期間における損益計算書の当期純利益￥230,000と貸借対照表の繰越利益剰余金￥430,000の中の当期純利益￥230,000は，必ず一致する。

第3章　取　引

【問題1】

(1)（　○　）(2)（　×　）(3)（　×　）(4)（　○　）

【問題2】

(1)（　ア　）(2)（　ア　）(3)（　ア　）(4)（　ウ　）
(5)（　エ　）(6)（　イ　）(7)（　イ　）(8)（　カ　）

【問題3】

	借方の要素		貸方の要素	
（1）	資　産　の　増　加	100,000	純　資　産　の　増　加	100,000
（2）	資　産　の　増　加	10,000	負　債　の　増　加	10,000
（3）	資　産　の　増　加	6,000	資　産　の　減　少	5,000
			収　益　の　発　生	1,000
（4）	費　用　の　発　生	500	資　産　の　減　少	500

（解説）

　(3) の売価と原価との差額は収益の発生を意味する。借方または貸方の要素が2つ以上の場合もある。

【問題4】

	借方の要素		貸方の要素	
（1）	備 品 の 増 加	100,000	現 金 の 減 少	100,000
（2）	商 品 の 増 加	200,000	現 金 の 減 少	200,000
（3）	現 金 の 増 加	500,000	売 掛 金 の 減 少	500,000
（4）	現 金 の 増 加	200,000	借 入 金 の 増 加	200,000
（5）	売 掛 金 の 増 加	120,000	商 品 の 減 少 商品売買益の発生	100,000 20,000
（6）	通 信 費 の 発 生	6,000	現 金 の 減 少	6,000
（7）	支 払 利 息 の 発 生	5,000	現 金 の 減 少	5,000
（8）	建 物 の 増 加	1,000,000	借 入 金 の 増 加 資 本 金 の 増 加	200,000 800,000

第4章　勘定と仕訳

【問題1】

	借方		貸方	
（1）	商 　　　 品	100,000	買 　　　 掛 　　　 金	100,000
（2）	現 　　　 金	300,000	売 　　　 掛 　　　 金	300,000
（3）	借 　 入 　 金 支 　 払 　 利 　 息	200,000 3,000	現 　　　 金	203,000
（4）	交 　　　 通 　　　 費	500	現 　　　 金	500
（5）	建 　　　 物	5,000,000	未 　　　 払 　　　 金	5,000,000
（6）	現 　　　 金	300	受 　 取 　 利 　 息	300
（7）	売 　　　 掛 　　　 金	120,000	商 　　　 品 商 　 品 　 売 　 買 　 益	100,000 20,000
（8）	現 　　　 金 土 　　　 地	2,000,000 10,000,000	資 　　　 本 　　　 金	12,000,000

（解説）
　取引の内容を読解し，各取引要素間の結合関係を考える。次に具体的な勘定科目を借方と貸方に分解して記入する。現金取引は比較的多く，現金を先に記入すると理解しやすい。

【問題2】

（1）	交通費 ¥10,000 を現金で支払った。
（2）	商品 ¥100,000 を現金で仕入れた。
（3）	地代 ¥50,000 を現金で受取った。
（4）	水道光熱費 ¥15,000 を現金で支払った。
（5）	商品（原価 ¥100,000）を ¥130,000 で販売し，現金 120,000 を受取り，残額は掛とした。

【問題3】

	借方科目	金 額	貸方科目	金 額
7/1	現　　　　金	2,000,000	資　本　金	2,000,000
5	商　　　　品	200,000	現　　　　金	60,000
			買　　掛　　金	140,000
7	現　　　　金	50,000	商　　　　品	100,000
	売　　掛　　金	290,000	商 品 売 買 益	240,000
10	買　　掛　　金	120,000	現　　　　金	120,000
15	現　　　　金	150,000	売　　掛　　金	150,000
19	備　　　　品	300,000	現　　　　金	300,000
26	給　　　　料	200,000	現　　　　金	200,000

現　　金　　　　1

7/1 資本金 2,000,000	7/5 商　品　60,000
7 諸　口　50,000	10 買掛金 120,000
15 売掛金 150,000	19 備　品 300,000
	26 給　料 200,000

売　掛　金　　　　2

7/7 諸　口 290,000	7/15 現　金 150,000

商　　品　　　　3

7/5 諸　口 2,000,000	7/7 諸　口 100,000

備　　品　　　　4

7/19 現　金 300,000	

買　掛　金　　　　5

7/10 現　金 120,000	7/5 商　品 140,000

資　本　金　　　　6

7/19 現　金 300,000	7/1 現　金 2,000,000

商品売買益　　　　7

	7/7 諸　口 240,000

給　　料　　　　8

7/26 現　金 200,000	

【問題4】

現　　金　　　　1

4/1 諸　口 1,700,000	4/12 借入金 70,000
5 諸　口 500,000	20 支払利息 1,500
10 普通預金 300,000	25 普通預金 300,000
15 売掛金 30,000	28 支払地代 10,000
22 受取利息 1,000	

普 通 預 金　　　　2

4/1 諸　口 500,000	4/10 現　金 300,000
25 現　金 300,000	

商　　品　　　　3

4/1 諸　口 400,000	4/5 諸　口 380,000
18 買掛金 300,000	

売　掛　金　　　　4

4/5 諸　口 50,000	4/15 現　金 30,000

建　　物　　　　5

4/1 諸　口 1,000,000	

借　入　金　　　　6

4/12 現　金 70,000	4/1 諸　口 100,000

買　掛　金　　　　7

	4/18 商　品 300,000

資　本　金　　　　8

	4/1 諸　口 3,500,000

	商　品　売　買　益	9			受　取　利　息	10
		4/5 諸　口 170,000			4/22 現　金 1,000	

	支　払　地　代	11			支　払　利　息	12
4/28 現　金 10,000			4/20 現　金 1,500			

（解説）

　元帳への転記において重要な点は，該当する勘定科目の借方または貸方に金額を正確に記入することである。日付・相手勘定科目は，あとで検証するさいのチェック目的のためである。金額は，該当する勘定科目の金額であり，相手勘定科目の金額ではないので気をつけよう。相手勘定科目が複数の場合，諸口と表示する。各勘定の右肩に表示されている数字は，その勘定の番号またはページ数を示している。

【問題5】

（推定仕訳）

	借方科目	金　額	貸方科目	金　額
4/3	商　　　　品	40,000	買　　掛　　金	40,000
6	売　　掛　　金	30,000	商　　　　品 商　品　売　買　益	20,000 10,000
10	現　　　　金	20,000	借　　入　　金	20,000
20	支　払　家　賃	400	現　　　　金	400
24	商　　　　品	20,000	現　　　　金	20,000
25	現　　　　金	12,000	売　　掛　　金	12,000

（解説）

　仕訳から逆に取引を推定することもできる。仕訳を記入して，仕訳の内容を推定すると，仕訳の検証をすることになる。

第5章　帳簿の記入

【問題1】

仕　訳　帳　　　　　　　　　　1

令和○年		摘　　要	元丁	借　方	貸　方
5	3	（現金）	1	2,000,000	
		（借入金）	8		2,000,000
		新光銀行より借入れた			
	10	（商品）	4	150,000	
		（現金）	1		150,000
		入船商店より商品を仕入れた			
	15	（現金）　　　　　諸口	1	170,000	
		（商品）	4		100,000
		（商品売買益）	12		70,000
		朝里商店へ商品を売上げた			

総勘定元帳

現　　金　　　　1

令和○年		摘　要	仕 丁	借　方	令和○年		摘　要	仕 丁	貸　方
5	3	借　入　金	1	2,000,000	5	10	商　　　品	1	150,000
	15	諸　　　口	〃	170,000					

商　　品　　　　4

令和○年		摘　要	仕 丁	借　方	令和○年		摘　要	仕 丁	貸　方
5	10	現　　　金	1	150,000	5	15	現　　　金	1	100,000

借　入　金　　　　8

令和○年		摘　要	仕 丁	借　方	令和○年		摘　要	仕 丁	貸　方
					5	3	現　　　金	1	2,000,000

商品売買益　　　　12

令和○年		摘　要	仕 丁	借　方	令和○年		摘　要	仕 丁	貸　方
					5	15	現　　　金	1	70,000

【問題2】

仕　訳　帳　　　　1

令和○年		摘　要	元 丁	借　方	貸　方
10	1	（現　金）	1	3,000,000	
		（資本金）	15		3,000,000
		現金を出資して営業を開始した			
	7	（備　品）	8	150,000	
		（現　金）	1		150,000
		備品を購入した			
	10	（商　品）　　　諸　口	5	200,000	
		（現　金）	1		80,000
		（買掛金）	13		120,000
		銭箱商店より商品を仕入れた			
	20	諸　口　　　　　諸　口			
		（現　金）	1	50,000	
		（売掛金）	2	150,000	
		（商　品）	5		150,000
		（商品売買益）	22		50,000
		住吉商店に商品を販売した			

（解説）
　小書きは，簡単な取引内容を示したメモをいう。仕訳帳の元丁は元帳の番号またはページ数をいう。

総勘定元帳

現　　　金　　　　　　　　　　　　　　1

令和○年		摘　要	仕丁	借　方	貸　方	借/貸	残　高
10	1	資　本　金	1	3,000,000		借	3,000,000
	7	備　　　品	〃		150,000	〃	2,850,000
	10	商　　　品	〃		80,000	〃	2,770,000
	20	諸　　　口	〃	50,000		〃	2,820,000

売　掛　金　　　　　　　　　　　　　2

令和○年		摘　要	仕丁	借　方	貸　方	借/貸	残　高
10	20	諸　　　口	1	150,000		借	150,000

商　　　品　　　　　　　　　　　　　5

令和○年		摘　要	仕丁	借　方	貸　方	借/貸	残　高
10	10	諸　　　口	1	200,000		借	200,000
	20	〃	〃		150,000	〃	50,000

備　　　品　　　　　　　　　　　　　8

令和○年		摘　要	仕丁	借　方	貸　方	借/貸	残　高
10	7	現　　　金	1	50,000		借	50,000

買　掛　金　　　　　　　　　　　　13

令和○年		摘　要	仕丁	借　方	貸　方	借/貸	残　高
10	10	商　　　品	1		120,000	貸	120,000

資　本　金　　　　　　　　　　　　15

令和○年		摘　要	仕丁	借　方	貸　方	借/貸	残　高
10	1	現　　　金	1		3,000,000	貸	3,000,000

商品売買益　　　　　　　　　　　　22

令和○年		摘　要	仕丁	借　方	貸　方	借/貸	残　高
10	20	諸　　　口	1		50,000	貸	50,000

（解説）

　　総勘定元帳の仕丁は仕訳帳のページ数をいう。帳簿相互間の記録をチェックするために記入すること。

第6章 決算（1）

【問題1】

合計試算表

令和○年3月31日

借　　　　方	勘 定 科 目	貸　　　　方
2,000,000	現　　　　　金	560,000
700,000	普 通 預 金	200,000
170,000	商　　　　　品	80,000
50,000	売 　掛 　金	40,000
1,000,000	建　　　　　物	
50,000	借 　入 　金	100,000
	買 　掛 　金	70,000
	資 　本 　金	2,000,000
	繰 越 利 益 剰 余 金	900,000
	商 品 売 買 益	20,000
	受 取 利 息	10,000
5,000	支 払 地 代	
5,000	支 払 利 息	
3,980,000		3,980,000

（解説）

合計試算表の合計額は貸借必ず一致する。勘定科目は，試算表では，資産・負債・純資産（または資本）・収益・費用の順に整理し，配列する。

【問題2】

合計残高試算表

令和○年3月31日

借　　方 残　高	合　　計	勘 定 科 目	貸　　方 合　　計	残　高
1,440,000	2,000,000	現　　　　　金	560,000	
500,000	700,000	普 通 預 金	200,000	
90,000	170,000	商　　　　　品	80,000	
10,000	50,000	売 　掛 　金	40,000	
1,000,000	1,000,000	建　　　　　物		
	50,000	借 　入 　金	100,000	50,000
		買 　掛 　金	70,000	70,000
		資 　本 　金	2,000,000	2,000,000
		繰 越 利 益 剰 余 金	900,000	900,000
		商 品 売 買 益	20,000	20,000
		受 取 利 息	10,000	10,000
5,000	5,000	支 払 地 代		
5,000	5,000	支 払 利 息		
3,050,000	3,980,000		3,980,000	3,050,000

（解説）

　合計残高試算表では，借方合計欄の金額と貸方合計欄の金額のうち，多い方の金額から少ない方の金額を差し引いて，その残高を多い方の側の残高欄に記入する。

　また，借方合計欄の合計金額と貸方合計欄の合計金額，借方残高欄の合計金額と貸方残高欄の合計金額がそれぞれ一致することを確認する。

【問題3】

残高試算表
令和○年3月31日

借　　方	勘 定 科 目	貸　　方
1,460,000	現　　　　　金	
200,000	売　　掛　　金	
82,000	貸　　付　　金	
85,000	商　　　　　品	
45,000	備　　　　　品	
	買　　掛　　金	152,000
	借　　入　　金	120,000
	資　　本　　金	1,000,000
	繰 越 利 益 剰 余 金	600,000
	商 品 売 買 益	122,000
	受 取 利 息	6,000
95,000	給　　　　　料	
6,000	支 払 家 賃	
14,000	広　　告　　料	
8,000	支 払 利 息	
5,000	雑　　　　　費	
2,000,000		2,000,000

（解説）

　残高試算表の合計額は貸借必ず一致する。

【問題4】

（1）決算仕訳

（解説）

	借方科目	金　　額	貸方科目	金　　額
12/31	商 品 売 買 益 受 取 利 息	80,000 27,000	損　　　　　益	107,000
	損　　　　　益	57,000	給　　　　　料 消 耗 品 費 支 払 利 息	40,000 16,000 1,000
	損　　　　　益	50,000	繰 越 利 益 剰 余 金	50,000

　損益勘定は損益集合勘定ともいわれ，損益にかかわる収益と費用を1つの勘定に集計する役割がある。損益計算書は，損益勘定を基礎資料にして作成される。当期純利益は，貸借対照表の観点から純資産（資本）の増加を意味することから（3）の決算仕訳がおこなわれる。

(2)

元　　帳

現　　金				1
	407,000		200,000	
		12/31 支払利息	207,000	
	407,000		407,000	
1/1 前期繰越	207,000			

売　掛　金				2
	386,000		134,000	
		12/31 次期繰越	252,000	
	386,000		386,000	
1/1 前期繰越	252,000			

商　　品				3
	304,000		211,000	
		12/31 次期繰越	93,000	
	304,000		304,000	
1/1 前期繰越	93,000			

貸　付　金				4
	130,000		80,000	
		12/31 次期繰越	50,000	
	130,000		130,000	
1/1 前期繰越	50,000			

備　　品				5
	160,000		50,000	
		12/31 次期繰越	110,000	
	160,000		160,000	
1/1 前期繰越	110,000			

買　掛　金				12
	103,000		365,000	
12/31 次期繰越	262,000			
	365,000		365,000	
		1/1 前期繰越	262,000	

借　入　金				13
	50,000		150,000	
12/31 次期繰越	100,000			
	150,000		150,000	
		1/1 前期繰越	100,000	

資　本　金				14
12/31 次期繰越	200,000		200,000	
		1/1 前期繰越	200,000	

繰越利益剰余金				15
12/31 次期繰越	150,000		100,000	
		12/31 損益	50,000	
	150,000		150,000	
		1/1 前期繰越	150,000	

商品売買益				22
12/31 損益	80,000		80,000	

受取利息				23
12/31 損益	27,000		27,000	

給　　料				32
	40,000	12/31 損益	40,000	

消耗品費				33
	16,000	12/31 損益	16,000	

支払利息				34
	1,000	12/31 損益	1,000	

損　　益				35
12/31 給　料	40,000	12/31 商品売買益	80,000	
〃 消耗品費	16,000	〃 受取利息	27,000	
〃 支払利息	1,000			
〃 繰越利益剰余金	50,000			
	107,000		107,000	

繰越試算表

令和○年 12 月 31 日

借　方	勘定科目	貸　方
207,000	現　　　　　金	
252,000	売　掛　金	
93,000	商　　　　　品	
50,000	貸　付　金	
110,000	備　　　　　品	
	買　掛　金	262,000
	借　入　金	100,000
	資　本　金	200,000
	繰越利益剰余金	150,000
712,000		712,000

(3)

損益計算書

(借方)（駿河）商店　　　令和○年 1 月 1 日から令和○年 12 月 31 日まで　　　(貸方)

費　用	金　額	収　益	金　額
給　　　　　料	40,000	商　品　売　買　益	80,000
消　耗　品　費	16,000	受　取　利　息	27,000
支　払　利　息	1,000		
当　期　純　利　益	50,000		
	107,000		107,000

貸借対照表

(借方)（駿河）商店　　　　　　　令和○年 12 月 31 日　　　　　　　(貸方)

資　産	金　額	負債および純資産	金　額
現　　　　　金	207,000	買　掛　金	262,000
売　掛　金	252,000	借　入　金	100,000
商　　　　　品	93,000	資　本　金	200,000
貸　付　金	50,000	繰越利益剰余金	150,000
備　　　　　品	110,000		
	712,000		712,000

(解説)

　損益勘定への転記は諸口を用いず，個別に収益・費用の科目を表示する。また，繰越試算表における資本金は，期末資本金（期首資本金＋当期純利益）の金額で表示する。貸借対照表では，当期純利益の金額を情報として知る意義があることから，別個に表示する。

【問題5】

精 算 表

勘定科目	試算表 借方	試算表 貸方	損益計算書 借方	損益計算書 貸方	貸借対照表 借方	貸借対照表 貸方
現　　金	1,255,000				1,255,000	
売　掛　金	314,000				314,000	
商　　品	300,000				300,000	
備　　品	370,000				370,000	
買　掛　金		190,000				190,000
借　入　金		100,000				100,000
資　本　金		(600,000)				600,000
繰越利益剰余金		210,000				210,000
商　品　売　買　益		1,360,000		1,360,000		
受　取　手　数　料		105,000		105,000		
給　　料	175,000		175,000			
支　払　家　賃	120,000		120,000			
雑　　費	25,000		25,000			
支　払　利　息	6,000		6,000			
当　期　純　利　益			1,139,000			1,139,000
	2,565,000	2,565,000	1,465,000	1,465,000	2,239,000	2,239,000

第7章　現金預金取引

【問題1】

	借方科目	金　額	貸方科目	金　額
8 / 3	現　　金	100,000	売　掛　金	100,000
5	現　　金	160,000	商　　品	110,000
			商　品　売　買　益	50,000
7	商　　品	200,000	現　　金	160,000
			買　掛　金	40,000
19	現　　金	80,000	受　取　手　数　料	80,000
25	通　信　費	10,000	現　　金	10,000
31	給　　料	180,000	現　　金	180,000

（解説）

　　自己が小切手を振出したときは当座預金の減少として処理するので，現金取引ではないことに注意しよう。他人振出小切手を仕入れた商品などの支払いにあてた場合には，現金の減少として処理する。

現金出納帳

令和○年		摘　要	収　入	支　出	残　高
8	1	前月繰越	300,000		300,000
	3	山田商店から売掛金回収	100,000		400,000
	5	佐藤商店へ売上 小切手受領	160,000		560,000
	7	亀川商店から仕入		160,000	400,000
	19	柴田商店から仲介手数料	80,000		480,000
	25	郵便切手・ハガキ購入		10,000	470,000
	31	本月分給料支払		180,000	290,000
	〃	次月繰越		290,000	
			640,000	640,000	
9	1	前月繰越	290,000		290,000

【問題2】

借方科目	金　額	貸方科目	金　額
現　金　過　不　足	35,000	売　　掛　　金	5,000
		受　取　配　当　金	25,000
		雑　　　　　益	5,000

(解説)

　現金の実際有高と帳簿有高との差額は，その原因が判明するまで，実際有高に帳簿有高を合わせて，一時的に現金過不足勘定で処理する。

【問題3】

	借方科目	金　額	貸方科目	金　額
6/5	商　　　　　品	200,000	当　座　預　金	200,000
8	借　　入　　金	100,000	当　座　預　金	110,000
	支　払　利　息	10,000		
12	当　座　預　金	300,000	売　　掛　　金	300,000
18	支　払　家　賃	100,000	当　座　預　金	100,000
22	当　座　預　金	250,000	商　　　　　品	200,000
	売　　掛　　金	100,000	商　品　売　買　益	150,000

(解説)

　なお，当座借越が期末にある場合，当座預金勘定から当座借越勘定に振替える。

当座預金出納帳

令和○年		摘 要	預 入	引 出	借または貸	残 高
6	1	前月繰越	250,000		借	250,000
	5	石塚商店より仕入れ		200,000	〃	50,000
	8	上原商店へ借入金返済		110,000	貸	60,000
	12	上田商事から売掛金回収	300,000		借	240,000
	18	本月分の家賃支払い		100,000	〃	140,000
	22	京都商店への売上代金受取り	250,000		〃	390,000
	30	次月繰越		390,000		
			800,000	800,000		
7	1	前月繰越	390,000		借	390,000

（解説）

　当座預金出納帳の記入において，当座借越となるときは，「借または貸」欄に「貸」と記入する。これは，残高欄の金額が当座借越の金額であることを意味する。

【問題4】

小口現金出納帳

受 入	令和○年		摘 要	支 払	内 訳			
					交通費	通信費	消耗品費	雑 費
80,000	8	1	小切手					
		5	ノート	8,500			8,500	
		11	タクシー	10,500	10,500			
		14	はがき	5,500		5,500		
		16	お茶	4,800				4,800
		19	電話	7,200		7,200		
		22	切手	3,800		3,800		
		27	ボールペン	5,900			5,900	
		〃	新聞	3,800				3,800
			合計	50,000	10,500	16,500	14,400	8,600
50,000		31	本日補給					
		〃	次月繰越	80,000				
130,000				130,000				
80,000	9	1	前月繰越					

【問題5】

借方科目	金 額	貸方科目	金 額
通 信 費	5,000	小 口 現 金	22,500
消 耗 品 費	2,500		
交 通 費	15,000		
小 口 現 金	22,500	当 座 預 金	22,500

別解

（借）通 信 費 　5,000　（貸）当 座 預 金 　22,500
　　　消耗品費 　2,500
　　　交 通 費 　15,000

【問題6】

小口現金出納帳

受　入	令和○年		摘　要	支　払	内　訳				残　高
					通信費	交通費	消耗品費	雑　費	
30,000	5	17	前週繰越						30,000
	〃		タクシー代	3,500		3,500			26,500
		18	プリンターインク代	5,500			5,500		21,000
		19	郵便切手代	3,000	3,000				18,000
		20	接待用お茶代	1,500				1,500	16,500
		21	はがき代	2,000	2,000				14,500
			合　計	15,500	5,000	3,500	5,500	1,500	
15,500		21	本日補給						30,000
	〃		次週繰越	30,000					
45,500				45,500					
30,000	5	24	前週繰越						30,000

【問題7】

　次の各取引にもとづき，仕訳をおこない，10月末におけるＸ銀行の普通預金の口座残高とＹ銀行の普通預金の口座残高を求めなさい。なお，10月1日現在におけるＸ銀行の普通預金の口座残高は¥2,000,000で，Ｙ銀行の普通預金の口座残高は¥500,000である。

10月8日　買掛金¥100,000をＹ銀行の普通預金口座から支払った。

　　13日　売掛金¥400,000がＸ銀行の普通預金口座に振込まれた。

　　20日　家賃¥50,000がＹ銀行の普通預金口座から引落された。

　　25日　水道光熱費¥20,000がＸ銀行の普通預金口座から引落された。

	借方科目	金　額	貸方科目	金　額
10/8	買　　掛　　金	100,000	普通預金Ｙ銀行	100,000
13	普通預金Ｘ銀行	400,000	売　　掛　　金	400,000
20	支　払　家　賃	50,000	普通預金Ｙ銀行	50,000
25	水　道　光　熱　費	20,000	普通預金Ｘ銀行	20,000

Ｘ銀行の普通預金残高　　¥2,380,000

Ｙ銀行の普通預金残高　　¥350,000

（解説）

Ｘ銀行の普通預金残高＝¥2,000,000＋¥400,000－¥20,000＝¥2,380,000

Ｙ銀行の普通預金残高＝¥500,000－¥100,000－¥50,000＝¥350,000

第8章 商品売買

【問題1】

	借方科目	金 額	貸方科目	金 額
①	買 掛 金	100,000	仕 入	100,000
②	仕 入	130,000	買 掛 金 現 金	120,000 10,000
③	売 掛 金 発 送 費	500,000 15,000	売 上 現 金	500,000 15,000
④	現 金	20,000	仕 入	20,000

（解説）

商品を仕入れた場合に，引取運賃などを支払ったならば，商品の仕入原価に加算して処理する。

また，値引・返品の場合には，通常，仕入時または売上時におこなった仕訳の貸借反対の仕訳をして，仕入勘定と買掛金勘定または売上勘定と売掛金勘定をそれぞれ減少させる。

【問題2】

売 上 帳

令和○年		摘 要		内 訳	金 額
4	2	駿 河 商 店	掛		
		紳 士 靴 30足 @¥10,000		300,000	
		婦 人 靴 40足 @¥12,000		480,000	780,000
	11	加 治 商 店	掛		
		婦 人 靴 20足 @¥11,000			220,000
	13	駿 河 商 店	戻り		
		婦 人 靴 5足 @¥12,000			60,000
	26	仏 子 商 店	現金・掛		
		紳 士 靴 40足 @¥9,500		380,000	
		婦 人 靴 20足 @¥11,500		230,000	610,000
	30		総売上高		1,610,000
	〃		売上戻り高		60,000
			純売上高		1,550,000

【問題3】

仕　入　帳

令和○年		摘　要		内　訳	金　額
11	4	練馬商店	掛		
		A商品100個	@¥5,000	500,000	
		B商品50個	@¥6,500	325,000	825,000
	6	練馬商店	掛戻し		
		A商品10個	@¥5,000		50,000
	11	世田谷商店	掛		
		C商品30個	@¥4,500	135,000	
		取引運賃現金払い		1,000	136,000
	16	世田谷商店	掛戻し		
		C商品5個	@¥4,500		22,500
	22	渋谷商店	小切手・掛		
		B商品50個	@¥6,300	315,000	
		D商品40個	@¥5,500	220,000	535,000
	30		総仕入高		1,496,000
			仕入戻し高		72,500
			純仕入高		1,423,500

（解説）

　仕入帳・売上帳の内訳欄には商品の品目ごとの合計金額と，仕入帳の場合，仕入諸掛の金額を記入する。商品の種類が1種類のみで，かつ仕入諸掛もない場合には内訳欄には金額を記入しない。総仕入高から戻し分，そして総売上高から値引分・戻り分を，それぞれ差引いて，純仕入高と純売上高を算出し，帳簿を締切る。

【問題4】

商　品　有　高　帳

（先入先出法）

令和○年		摘　要	受　入　高			払　出　高			残　高		
			数量	単価	金額	数量	単価	金額	数量	単価	金額
9	1	前月繰越	20	6,000	120,000				20	6,000	120,000
	6	仕入	40	5,000	200,000				40	5,000	200,000
	8	売上				20	6,000	120,000			
						10	5,000	50,000	30	5,000	150,000
	21	仕入	50	4,500	225,000				50	4,500	225,000
	29	売上				30	5,000	150,000			
						10	4,500	45,000	40	4,500	180,000
	30	次月繰越				40	4,500	180,000			
			110		545,000	110		545,000			
10	1	前月繰越	40	4,500	180,000				40	4,500	180,000

（解説）

　仕入単価が異なるものが残高として残っているとき，または仕入単価が異なるものを同時に払出した場合には，数量欄においてそれらを括弧でくくる。先入先出法は，先に仕入れたものから先に売られると仮定する方法である点に注意しよう。商品有高帳の締切りでは，次期に繰越す数量，単価，金額を払出欄に記入し，

受入欄の数量，金額の合計と，払出欄の数量，金額の合計が一致することを確認して締切る。なお，解答に示した方法は，単価が異なるものを仕入れたさいに残高欄の数値を改行せずに括弧でくくる記入方法であるが，これ以外に，残高欄の数値を改行して括弧でくくる記入方法もある。以下に，残高欄の数値を改行して括弧でくくる記入方法のものを示す。

商 品 有 高 帳

（先入先出法）

令和○年		摘 要	受 入 高			払 出 高			残 高		
			数量	単価	金 額	数 量	単価	金 額	数 量	単 価	金 額
9	1	前 月 繰 越	20	6,000	120,000				20	6,000	120,000
	6	仕 入	40	5,000	200,000				{ 20	6,000	120,000
									40	5,000	200,000
	8	売 上				{ 20	6,000	120,000			
						10	5,000	50,000	30	5,000	150,000
	21	仕 入	50	4,500	225,000				{ 30	5,000	150,000
									50	4,500	225,000
	29	売 上				{ 30	5,000	150,000			
						10	4,500	45,000	40	4,500	180,000
	30	次 月 繰 越				40	4,500	180,000			
			110		545,000	110		545,000			
10	1	前 月 繰 越	40	4,500	180,000				40	4,500	180,000

【問題5】

商 品 有 高 帳

（移動平均法） ハンカチ

令和○年		摘 要	受 入 高			払 出 高			残 高		
			数 量	単 価	金 額	数 量	単 価	金 額	数 量	単 価	金 額
10	1	前 月 繰 越	10	12,000	120,000				10	12,000	120,000
	6	仕 入	30	10,000	300,000				40	10,500	420,000
	8	売 上				15	10,500	157,500	25	10,500	262,500
	21	仕 入	25	9,000	225,000				50	9,750	487,500
	29	売 上				20	9,750	195,000	30	9,750	292,500

売上原価の計算

月初商品棚卸高	120,000
当月商品仕入高	525,000
合計	645,000
月末商品棚卸高	292,500
売上原価	352,500

売上総利益の計算

売上高	520,000
売上原価	352,500
売上総利益	167,500

（解説）

$$10月6日の平均単価 \quad ￥10,500 = \frac{￥120,000 + ￥300,000}{10枚 + 30枚}$$

$$10月21日の平均単価 \quad ￥9,750 = \frac{￥262,500 + ￥225,000}{25枚 + 25枚}$$

売上高は，売上帳の売上の合計金額，売上原価は商品有高帳の払出欄の合計金額（月初商品棚卸高＋当期商品仕入高－月末商品棚卸高）である。売上総利益は，売上高から売上原価を差引いて求める。

第9章　売掛金と買掛金

【問題1】

	借方科目	金　額	貸方科目	金　額
8/5	仕　　　　入	300,000	当　座　預　金	150,000
			買　　掛　　金	150,000
8	売　　掛　　金	405,000	売　　　　上	400,000
			現　　　　金	5,000
9	仕　　　　入	365,000	買　　掛　　金	350,000
			現　　　　金	15,000
12	買　　掛　　金	50,000	仕　　　　入	50,000
16	売　　掛　　金	550,000	売　　　　上	550,000
20	売　　　　上	20,000	売　　掛　　金	20,000
24	貸　倒　損　失	150,000	売　　掛　　金	150,000

別解
8/8　（借）売掛金　400,000　　　（貸）売　上　400,000
　　　　　立替金　　5,000　　　　　　現　金　　5,000

（解説）
　8/24のように，貸倒引当金勘定が設定されていない場合，貸倒れが生じたならば，貸倒損失勘定で処理する。

【問題2】

	借方科目	金　額	貸方科目	金　額
10/3	仕　　　　入	430,000	駿　河　商　店	400,000
			現　　　　金	30,000
9	駿　河　商　店	5,000	仕　　　　入	5,000
13	飯　能　商　店	250,000	売　　　　上	250,000
22	加　治　商　店	200,000	売　　　　上	200,000
	発　　送　　費	4,500	現　　　　金	4,500

（解説）
　仕訳において人名勘定を用いる場合，売掛金勘定・買掛金勘定は使用せず，人名勘定を用いる。人名勘定の借方・貸方の記入の要領は，売掛金勘定・買掛金勘定で処理する場合と同様である。

【問題3】

売 掛 金 元 帳

駿河商店

令和○年		摘　　要	借　方	貸　方	借または貸	残　高
7	1	前　月　繰　越	700,000		借	700,000
	11	売　　　　　上	250,000		〃	950,000
	30	入　　　　　金		150,000	〃	800,000
	31	次　月　繰　越		800,000		
			950,000	950,000		800,000
	1	前　月　繰　越	800,000		借	800,000

(解説)

　問題では，駿河商店と飯能商店の資料が与えられているが，解答で要求されているのは駿河商店のみであるので，駿河商店の資料のみを選別して記入する。

　また，締切るときは，次月繰越の金額を貸方欄に記入し，借方・貸方の合計金額が一致することを確認して締切る。

　また，開始記入として，翌月1日の日付で，前月から繰越された金額を借方欄と残高欄に記入する。

　また，売掛金元帳では借方に残高が生じるので，「借または貸」欄には「借」と記入する。

【問題4】

買 掛 金 元 帳

飯能商店

令和○年		摘　　要	借　方	貸　方	借または貸	残　高
11	1	前　月　繰　越		200,000	貸	200,000
	9	仕　　　　　入		250,000	〃	450,000
	11	返　　　　　品	15,000		〃	435,000
	19	仕　　　　　入		250,000	〃	685,000
	25	返　　　　　済	170,000		〃	515,000
	30	次　月　繰　越	515,000			
			700,000	700,000		
12	1	前　月　繰　越		515,000	貸	515,000

(解説)

　問題では，東京商店と飯能商店の資料が与えられているが，解答で要求されているのは飯能商店のみであるので，飯能商店の資料のみを選別して記入する。

　また，締切るときは，次月繰越の金額を借方欄に記入し，借方・貸方の合計金額が一致することを確認して締切る。

　また，開始記入として，翌月1日の日付で，前月から繰越された金額を貸方欄と残高欄に記入する。

　また，買掛金元帳では借方に残高が生じるので，「借または貸」欄には「貸」と記入する。

【問題5】

合計残高試算表
令和○年9月30日

借方残高	借方合計	勘定科目	貸方残高	貸方合計
800,000	3,000,000	現　　　　　金	2,200,000	
1,800,000	3,950,000	当 座 預 金	2,150,000	
3,015,000	5,765,000	売 　掛 　金	2,750,000	
1,000,000	1,000,000	繰 越 商 品		
910,000	910,000	備　　　　　品		
	2,700,000	買 　掛 　金	3,885,000	1,185,000
	500,000	借 　入 　金	4,150,000	3,650,000
		資 　本 　金	1,500,000	1,500,000
		売　　　　　上	6,915,000	6,915,000
5,060,000	5,060,000	仕　　　　　入		
300,000	300,000	給　　　　　料		
140,000	140,000	消 耗 品 費		
225,000	225,000	支 払 家 賃		
13,250,000	23,550,000		23,550,000	13,250,000

売掛金明細表

	9月25日	9月30日
入船商店	¥ 1,100,000	¥ 1,200,000
銭函商店	1,000,000	1,085,000
手稲商店	550,000	730,000
	¥ 2,650,000	¥ 3,015,000

買掛金明細表

	9月25日	9月30日
朝里商店	¥ 500,000	¥ 430,000
築港商店	300,000	280,000
後志商店	525,000	475,000
	¥ 1,325,000	¥ 1,185,000

（解説）

　まず，9月26日から30日までの取引を仕訳する。仕訳は以下のとおりである。

```
9/26 （借）売 掛 金    300,000    （貸）売      上    300,000
        （入船商店）
     （借）仕     入    180,000    （貸）買 掛 金    180,000
                                       （朝里商店）
     （借）給     料     50,000    （貸）現      金     50,000
  27 （借）売 掛 金    285,000    （貸）売      上    285,000
        （銭函商店）
     （借）仕     入    200,000    （貸）買 掛 金    200,000
                                       （築港商店）
     （借）当 座 預 金  300,000    （貸）売 掛 金    300,000
                                       （入船商店）
     （借）当 座 預 金  250,000    （貸）売 掛 金    250,000
                                       （銭函商店）
     （借）当 座 預 金  200,000    （貸）売 掛 金    200,000
                                       （手稲商店）
```

28	（借）売 掛 金 （手稲商店）	*380,000*	（貸）売　　上	*380,000*
	（借）仕　　入	*100,000*	（貸）買 掛 金 （後志商店）	*100,000*
	（借）買 掛 金 （朝里商店）	*250,000*	（貸）当座預金	*250,000*
	（借）買 掛 金 （築港商店）	*300,000*	（貸）当座預金	*300,000*
	（借）買 掛 金 （後志商店）	*150,000*	（貸）当座預金	*150,000*
29	（借）売 掛 金 （入船商店）	*100,000*	（貸）売　　上	*100,000*
	（借）仕　　入	*80,000*	（貸）買 掛 金 （築港商店）	*80,000*
	（借）支払家賃	*25,000*	（貸）当座預金	*25,000*
	（借）当座預金	*200,000*	（貸）現　　金	*200,000*
30	（借）売 掛 金 （銭函商店）	*50,000*	（貸）売　　上	*50,000*

（解説）

これらの仕訳の各勘定科目の金額と9月25日現在の合計試算表の各勘定科目の金額との合計金額を科目について26日から30日までの間に増減がなかった勘定科目であるので，合計試算表の金額をそのまま合計試算表の借方合計・貸方合計の欄に記入する。

また，借方合計欄の合計金額と貸方合計欄の合計金額，借方残高欄の合計金額と貸方残高欄の合計金額がそれぞれ一致することを確認する。

また，売掛金明細表・買掛金明細表では，9月25日現在の金額に，26日から30日までの増減分を加減した金額が30日現在の金額となる。各商店の30日現在の金額を計算して示せば次のとおりである。

入船商店　￥ *1,200,000* = ￥ *1,100,000* + ￥ *300,000* − ￥ *300,000* + ￥ *100,000*

銭箱商店　￥ *1,085,000* = ￥ *1,000,000* + ￥ *285,000* − ￥ *250,000* + ￥ *50,000*

手稲商店　￥ *730,000* = ￥ *550,000* + ￥ *380,000* − ￥ *200,000*

朝里商店　￥ *430,000* = ￥ *500,000* + ￥ *180,000* − ￥ *250,000*

築港商店　￥ *280,000* = ￥ *300,000* + ￥ *200,000* − ￥ *300,000* + ￥ *80,000*

後志商店　￥ *475,000* = ￥ *525,000* + ￥ *100,000* − ￥ *150,000*

また，売掛金明細表の9月30日の合計金額は合計残高試算表の売掛金の借方残高の金額と一致し，買掛金明細表の30日の合計金額は合計残高試算表の買掛金の貸方残高の金額と一致することを確認する。

【問題6】

	借方科目	金　額	貸方科目	金　額
①	クレジット売掛金 支　払　手　数　料	*980,000* *20,000*	売　　　上	*1,000,000*
②	普　通　預　金	*980,000*	クレジット売掛金	*980,000*

【問題7】

	借方科目	金　額	貸方科目	金　額
①	貸　倒　引　当　金	44,000	貸倒引当金戻入	44,000
②	貸　倒　引　当　金	50,000	売　　掛　　金	50,000
③	貸倒引当金繰入	54,000	貸　倒　引　当　金	54,000
④	貸　倒　引　当　金 貸　倒　損　失	60,000 40,000	売　　掛　　金	100,000

（解説）

　決算時における貸倒見積額よりも，すでに設定されている貸倒引当金の残高の方が多い場合は，多い分だけ貸倒引当金を減額して貸倒引当金戻入を計上し，見積額に合わせる。また，決算時における貸倒見積額が，貸倒引当金残高よりも多い場合，差額を補充して，貸倒引当金繰入を計上する。また，貸倒引当金残高の範囲内で貸倒れが生じた場合は，貸倒引当金勘定を売掛金勘定に振替仕訳する。なお，貸倒引当金残高を超える金額が貸倒れとなる場合は，この超える金額は貸倒損失勘定として処理する。

【問題8】

借方科目	金　額	貸方科目	金　額
現　　　　　金	50,000	償却債権取立益	50,000

第10章　その他の債権と債務

【問題1】

（駿河商店）

	借方科目	金　額	貸方科目	金　額
①	貸　　付　　金	3,000,000	現　　　　　金	3,000,000
②	貸　　付　　金	500,000	現　　　　　金	500,000
③	現　　　　　金	5,112,500	貸　　付　　金 受　取　利　息	5,000,000 112,500
④	現　　　　　金	210,000	貸　　付　　金 受　取　利　息	200,000 10,000

（飯能商店）

	借方科目	金　額	貸方科目	金　額
①	現　　　　　金	3,000,000	借　　入　　金	3,000,000
②	現　　　　　金	500,000	借　　入　　金	500,000
③	借　　入　　金 支　払　利　息	5,000,000 112,500	当　座　預　金	5,112,500
④	借　　入　　金 支　払　利　息	200,000 10,000	現　　　　　金	210,000

（解説）

　貸付金の利息を受取ったときは受取利息勘定で，借入金の利息を支払った場合は，支払利息勘定で処理する。

③利息の計算

$$¥\,5,000,000 \times 4.5\% \times \frac{6\,カ月}{12\,カ月} = ¥\,112,500$$

【問題2】

	借方科目	金　額	貸方科目	金　額
①	未　収　入　金	150,000	備　　　　　品	150,000
②	車　両　運　搬　具	1,500,000	当　座　預　金	600,000
			未　　払　　金	900,000
③	現　　　　　金	500,000	未　収　入　金	500,000
④	未　　払　　金	350,000	当　座　預　金	350,000

（解説）

　主たる営業活動（商品売買など）でない場合，未収の金額は，未収金勘定で，未払の金額は，未払金勘定を用いる。主たる営業活動のときは，未収の金額は売掛金勘定，未払の金額は買掛金勘定で処理する。

【問題3】

	借方科目	金　額	貸方科目	金　額
①	前　　払　　金	200,000	現　　　　　金	200,000
②	現　　　　　金	150,000	前　　受　　金	150,000
③	前　　受　　金	100,000	売　　　　　上	300,000
	売　　掛　　金	200,000		
④	仕　　　　　入	600,000	前　　払　　金	140,000
			買　　掛　　金	460,000

（解説）

　商品の売買契約時には，仕入や売上は生じない。内金の授受は前払金勘定・前受金勘定で処理する。

【問題4】

	借方科目	金　額	貸方科目	金　額
①	立　　替　　金	80,000	現　　　　　金	80,000
②	売　　掛　　金	100,000	売　　　　　上	100,000
	立　　替　　金	10,000	当　座　預　金	10,000
③	給　　　　　料	2,500,000	預　　り　　金	300,000
			立　　替　　金	100,000
			現　　　　　金	2,100,000
④	預　　り　　金	200,000	現　　　　　金	200,000

（解説）

　②売掛金 100,000 と立替金 10,000 は売掛金 110,000 としてもよい。また，従業員に対する給料の前貸しは従業員立替金としてもよい。また，所得税の源泉徴収分は所得税預り金としてもよい。

【問題5】

	借方科目	金　額	貸方科目	金　額
①	仮　払　金	80,000	現　　　　金	80,000
②	旅　　　費	90,000	仮　払　金	80,000
			現　　　　金	10,000
③	現　　　　金	300,000	仮　受　金	300,000
④	仮　受　金	300,000	売　掛　金	300,000
⑤	仮　払　金	20,000	現　　　　金	20,000
⑥	交　通　費	500	仮　払　金	500

（解説）

現金を支払ったり，受取ったりした時点で，内容や金額が確定していない場合，仮払金勘定・仮受金勘定で処理しておき，その後，内容や金額が確定したときに適当な科目に振替える。

【問題6】

	借方科目	金　額	貸方科目	金　額
①	受　取　商　品　券	30,000	売　　　　上	35,000
	現　　　　金	5,000		
②	普　通　預　金	430,000	受　取　商　品　券	430,000

【問題7】

	借方科目	金　額	貸方科目	金　額
①	差　入　保　証　金	300,000	普　通　預　金	450,000
	支　払　手　数　料	150,000		
②	支　払　家　賃	150,000	普　通　預　金	150,000
③	修　　繕　　費	100,000	差　入　保　証　金	300,000
	普　通　預　金	200,000		

第11章　手　形

【問題1】

①

	借方科目	金　額	貸方科目	金　額
駿河商店	仕　　　　入	200,000	支　払　手　形	200,000
名古屋商店	受　取　手　形	200,000	売　　　　上	200,000

②

	借方科目	金　額	貸方科目	金　額
小樽商店	当　座　預　金	250,000	受　取　手　形	250,000
帯広商店	支　払　手　形	250,000	当　座　預　金	250,000

（解説）

約束手形の授受であっても，簿記上は支払手形勘定・受取手形勘定を用いる。また，銀行に取立てを依頼した場合には，支払人は当座預金を減少する。

【問題2】

① （受取手形）記入帳

②

	借方科目	金　額	貸方科目	金　額
5/15	受 取 手 形	300,000	沖 縄 商 店	300,000
8/10	当 座 預 金	300,000	受 取 手 形	300,000

【問題3】

	借方科目	金　額	貸方科目	金　額
①	当 座 預 金 支 払 利 息	5,856,000 144,000	手 形 借 入 金	6,000,000
②	手 形 貸 付 金	2,000,000	現　　　　　金 受 取 利 息	1,980,000 20,000
③	手 形 貸 付 金	400,000	現　　　　　金 受 取 利 息	390,000 10,000
④	現　　　　　金	400,000	手 形 貸 付 金	400,000

（解説）

手形貸付金は貸付金，手形借入金は借入金でもよい。

また，①の利息の計算は以下の式による。

$$¥6,000,000 × 6\% × \frac{1日}{365日} × 146日 = ¥144,000$$

1 年分の利息

1 日分の利息

146 日分の利息

（注）146 を先にかけて後で 365 でわるといい。

また，②の利息の計算は以下の式による。

$$¥2,000,000 × 3\% × \frac{1カ月}{12カ月} × 4カ月 = ¥20,000$$

1 年分の利息

1 カ月分の利息

4 カ月分の利息

【問題4】

	取　　引	現金出納帳	当座預金出納帳	仕入帳	売上帳	商品有高帳	売掛金元帳	買掛金元帳	受取手形記入帳	支払手形記入帳
①	駿河商店から商品を仕入れ，その代金の一部として約束手形を振出し，残額は小切手を振出して支払った。		○	○		○				○
②	飯能商店へ商品を売渡し，その代金の一部は小切手で受取り，残額は約束手形を受取った。	○			○	○			○	
③	仏子商店から商品を仕入れ，その代金の一部は約束手形を振出し，残額は掛とした。			○		○		○		○

（解説）
　①商品の仕入は仕入帳と商品有高帳に記入する。約束手形を振出した場合には支払手形が増加するので，支払手形記入帳に記入する。残額の小切手の振出は当座預金出納帳に記入する。
　②商品の売渡しは売上帳と商品有高帳に記入する。小切手の受取りは現金勘定で処理するので現金出納帳に記入する。残額の約束手形については受取手形記入帳に記入する。
　③商品の仕入は仕入帳と商品有高帳に記入する。約束手形を振出した場合には支払手形が増加するので，支払手形記入帳に記入する。残額の掛は，買掛金元帳に記入する。

【問題5】

仕　入　帳

令和○年		摘　要		金　額
7	4	駿河商店	掛	
		A 商品　　70 個　　@￥ 10,000		700,000

仕入先（買掛金）元帳

駿河商店

令和○年		摘　要	借　方	貸　方	借または貸	金　額
7	1	前　月　繰　越		400,000	貸	400,000
	4	仕　　　入		700,000	〃	1,100,000
	19	支　　　払	100,000		〃	1,000,000
	25	支　　　払	300,000		〃	700,000

支　払　手　形　記　入　帳

令和○年		摘要	金額	手形種類	手形番号	受取人	振出人	振出日		期日		支払場所	てん末		
								月	日	月	日		月	日	摘要
7	25	買掛金	300,000	約手	66	山形商店	当　店	7	25	9	13	宮城銀行本店			

（解説）
　仕訳は次のとおりである。
　7月4日　（借）仕　　　入　700,000　　（貸）買　掛　金　700,000
　　19日　（借）買　掛　金　100,000　　（貸）当　座　預　金　100,000
　　25日　（借）買　掛　金　300,000　　（貸）支　払　手　形　300,000

【問題6】

駿河商店の仕訳

	借方科目	金　額	貸方科目	金　額
①	売　　掛　　金	300,000	売　　　　　上	300,000
②	電　子　記　録　債　権	300,000	売　　掛　　金	300,000
③	普　　通　　預　　金	300,000	電　子　記　録　債　権	300,000

埼玉商店の仕訳

	借方科目	金　額	貸方科目	金　額
①	仕　　　　入	300,000	買　　掛　　金	300,000
②	買　　掛　　金	300,000	電 子 記 録 債 務	300,000
③	電 子 記 録 債 務	300,000	当　座　預　金	300,000

第 12 章　有形固定資産

【問題1】

	借方科目	金　額	貸方科目	金　額
①	土　　　　地	7,500,000	当　座　預　金	7,500,000
②	建　　　　物	40,350,000	当　座　預　金	40,000,000
			現　　　　金	350,000
③	備　　　　品	315,000	未　　払　　金	315,000

（解説）

　整地費用，登記料，仲介手数料，引取運賃などの付随費用は，当該有形固定資産の取得原価に含める。また，代金を月末に支払うことにした場合，有形固定資産の取得は主たる営業活動でないので，買掛金でなく未払金で処理する。

【問題2】

	借方科目	金　額	貸方科目	金　額
①	建　　　　物	3,500,000	当　座　預　金	3,500,000
②	修　　繕　　費	15,000	現　　　　金	15,000
③	修　　繕　　費	10,000	現　　　　金	10,000

（解説）

　有形固定資産を購入した後に，その固定資産について金銭を支出した場合，その支出の内容によって当該固定資産の価値が増加し，または耐用年数を延長するならば，その支出額は資本的支出として，固定資産の取得原価に含める。他方，当該固定資産について，通常予定される修理・保守のための支出は，修繕費勘定で処理する。

【問題3】

	借方科目	金　額	貸方科目	金　額
①	減 価 償 却 費	540,000	車両運搬具減価償却累計額	540,000
②	減 価 償 却 費	60,000	備 品 減 価 償 却 累 計 額	60,000
③	減 価 償 却 費	27,000	備 品 減 価 償 却 累 計 額	27,000

（解説）

①減価償却費の計算は以下のとおりである。

$$\frac{¥3,000,000 - (¥3,000,000 \times 0.1)}{5 年} = ¥540,000$$

車両運搬具減価償却累計額は，減価償却累計額でもよい。

②減価償却費の計算は以下のとおりである。

$$\frac{¥400,000 - (¥400,000 \times 0.1)}{6 年} = ¥60,000$$

③減価償却費の計算は以下のとおりである。

$$\frac{¥\,150,000 - (¥\,150,000 \times 0.1)}{5\,年} = ¥\,27,000$$

備品減価償却累計額は，減価償却累計額でもよい。

【問題4】

	借方科目	金　額	貸方科目	金　額
①	現　　　　　　　金 未　収　入　金 備品減価償却累計額	100,000 330,000 100,000	備　　　　　品 固定資産売却益	500,000 30,000
②	未　収　入　金 建物減価償却累計額 固定資産売却損	5,000,000 2,000,000 3,000,000	建　　　　　物	10,000,000
③	未　収　入　金 車両運搬具減価償却累計額 固定資産売却損	2,300,000 2,600,000 100,000	車　両　運　搬　具	5,000,000

（解説）

帳簿価額（取得原価−減価償却累計額）と売却価額との差額が固定資産売却益または固定資産売却損になる。

①売却価額 = ¥ 430,000

帳簿価額 = ¥ 400,000（= ¥ 500,000 − ¥ 100,000）

固定資産売却益は，備品売却益でもよい。

備品減価償却累計額は減価償却累計額でもよい。

②売却価額 = ¥ 5,000,000

帳簿価額 = ¥ 8,000,000（= ¥ 10,000,000 − ¥ 2,000,000）

固定資産売却損は，建物売却損でもよい。

建物減価償却累計額は，減価償却累計額でもよい。

③売却価額 = ¥ 2,300,000

帳簿価額 = ¥ 2,400,000（= ¥ 5,000,000 − ¥ 2,600,000）

固定資産売却損は，車両運搬具売却損でもよい。

車両運搬具減価償却累計額は，減価償却累計額でもよい。

【問題5】

a	b	c
1,500（千円）	300（千円）	180（千円）

d	e
360（千円）	250（千円）

（解説）

計算式は次である。

a 2,400（千円）− 900（千円）= 1,500（千円）

b（2,400（千円）− 0）÷ 8 年 = 300（千円）

c（1,800（千円）− 0）÷ 5 年 × 6 カ月 ÷ 12 カ月 = 180（千円）

d（1,800（千円）− 0）÷ 5 年 = 360（千円）

e（1,000（千円）− 0）÷ 4 年 = 250（千円）

第13章　資本金

【問題1】

	借方科目	金　額	貸方科目	金　額
1/ 1	現　　　　　金 土　　　　　地 機　械　装　置	1,500,000 5,000,000 3,000,000	資　　本　　金	9,500,000
8/ 3	土　　　　　地	1,400,000	資　　本　　金	1,400,000
12/31	損　　　　　益	450,000	繰 越 利 益 剰 余 金	450,000

資本金

12/31　次 期 繰 越	10,900,000	1/ 1　諸　　　口	9,500,000
		8/ 3　土　　　地	1,400,000
	10,900,000		10,900,000

繰越利益剰余金

12/31　次 期 繰 越	450,000	12/31　損　　　益	450,000

【問題2】

	借方科目	金　額	貸方科目	金　額
①	繰 越 利 益 剰 余 金	220,000	未 払 配 当 金 利 益 準 備 金	200,000 20,000
②	未 払 配 当 金	200,000	普 通 預 金	200,000

【問題3】

	借方科目	金　額	貸方科目	金　額
①	損　　　　　益	600,000	繰 越 利 益 剰 余 金	600,000
②	繰 越 利 益 剰 余 金	200,000	損　　　　　益	200,000

第14章　収益と費用

【問題1】

	借方科目	金　額	貸方科目	金　額
①	未 収 利 息	10,000	受 取 利 息	10,000
②	前 払 保 険 料	210,000	保 険 料	210,000
③	支 払 利 息	40,000	未 払 利 息	40,000
④	受 取 家 賃	150,000	前 受 家 賃	150,000

（解説）

①受取利息を追加計上するとともに，未収利息（資産）を計上する。

$$¥ 500,000 × 8\% × \frac{3 カ月}{12 カ月} = ¥ 10,000$$

未収利息は未収収益（資産）でもよい。

②保険料の一部を取消し，前払保険料（資産）へ振替える。

$$¥ 360,000 × 8\% × \frac{7 カ月}{12 カ月} = ¥ 210,000$$

前払保険料は前払費用（資産）でもよい。

③支払利息を追加計上するとともに，未払利息（負債）を計上する。

$$¥\,2,000,000 \times 8\% \times \frac{3\,カ月}{12\,カ月} = ¥\,40,000$$

未払利息は未払費用（負債）でもよい。

③受取家賃の一部を取消し，前受家賃（負債）へ振替える。

前受家賃は前受収益（負債）でもよい。

【問題2】

	借方科目	金　額	貸方科目	金　額
10/ 1	保　険　料	240,000	現　　　　金	240,000
12/31	前 払 保 険 料	180,000	保　険　料	180,000
1/ 1	保　険　料	180,000	前 払 保 険 料	180,000

（解説）

12/31 保険料の一部を取消し，前払保険料（資産）へ振替える。前払保険料は前払費用（資産）でもよい。

1/1 再振替仕訳として，前期末の仕訳と貸借逆の仕訳をする。

【問題3】

	借方科目	金　額	貸方科目	金　額
3/31	仕　　　　入	90,000	繰 越 商 品	90,000
	繰 越 商 品	100,000	仕　　　　入	100,000

（解説）

商品の期首棚卸高については，繰越商品勘定から仕入勘定へ振替え，期末棚卸高については逆に仕入勘定から繰越商品勘定へ振戻す。なお，商品の売上原価は，この場合，仕入勘定で計算するので，仕入勘定の残高は損益勘定に振替えなければならない。

【問題4】

	借方科目	金　額	貸方科目	金　額
①	通　信　費	10,000	現　　　　金	18,000
	租　税　公　課	8,000		
②	貯　蔵　品	8,000	通　信　費	5,000
			租　税　公　課	3,000
③	通　信　費	5,000	貯　蔵　品	8,000
	租　税　公　課	3,000		

第15章　税　金

【問題1】

	借方科目	金　額	貸方科目	金　額
①	租　税　公　課	2,500	現　　　　金	2,500
②	租　税　公　課	450,000	現　　　　金	450,000

【問題2】

	借方科目	金　額	貸方科目	金　額
①	仮 払 法 人 税 等	5,040,000	現　　　　金	5,040,000
②	法人税，住民税及び事業税	11,080,000	仮 払 法 人 税 等	5,040,000
			未 払 法 人 税 等	6,040,000
③	未 払 法 人 税 等	6,040,000	現　　　　金	6,040,000

（解説）

(1) 中間決算により計算した半年分の法人税等の金額は，法人税，住民税および事業税が，各々，￥3,000,000，￥1,400,000，￥640,000で合計は，￥5,040,000である。一方，前年度の法人税等の納付額の2分の1は，￥5,500,000である。したがって，前年度の法人税等の納付額の2分の1の方が，多いので，￥5,040,000を納付している。

(2) 未払法人税等の金額は，法人税，住民税および事業税の確定した金額から，中間納付した金額を控除した金額であることから，￥11,080,000（＝￥6,560,000＋￥3,280,000＋￥1,240,000）－￥5,040,000＝￥6,040,000である。

【問題3】

	借方科目	金　額	貸方科目	金　額
①	仕　　　　入	3,500,000	買　　　掛　　　金	3,850,000
	仮 払 消 費 税	350,000		
②	売　　掛　　金	7,040,000	売　　　　　　上	6,400,000
			仮 受 消 費 税	640,000
③	仮 受 消 費 税	640,000	仮 払 消 費 税	350,000
			未 払 消 費 税	290,000
④	未 払 消 費 税	290,000	現　　　　金	290,000

（解説）

(1) 仮払消費税は，仕入高￥3,500,000×10％で￥350,000である。

(2) 仮受消費税は，売上高￥6,400,000×10％で￥640,000である。

(3) 未払消費税は，仮受消費税￥640,000－仮払消費税￥350,000＝￥290,000である。

第16章　伝　票

【問題1】

振替伝票			
借方科目	金　額	貸方科目	金　額
（　仕　　入　）	（70,000)	（　買　掛　金　）	（70,000)

（解説）

　一部振替取引を仕訳すると，次のようになる。

　　（借）仕　入　120,000　（貸）現　金　50,000
　　　　　　　　　　　　　　　　　買掛金　70,000

(1) は取引を分解して起票する方法，(2) は取引を擬制して起票する方法であり，それぞれ次のような2つの取引からなると考えられる。この場合，(1) が答えの起票方法である。

(1)（借）仕　入　　50,000　（貸）現　金　　50,000：出金伝票
　　（借）仕　入　　70,000　（貸）買掛金　　70,000：振替伝票

(2)（借）仕　入　120,000　（貸）買掛金　120,000：振替伝票
　　（借）買掛金　50,000　（貸）現　金　50,000：出金伝票

【問題2】

振替伝票			
借方科目	金　額	貸方科目	金　額
（ 売 掛 金 ）	（150,000）	（ 売　上 ）	（150,000）

（解説）
　一部振替取引を仕訳すると，次のようになる。
　　（借）現　金　80,000　（貸）売　上　150,000
　　　　　売掛金　70,000
(1) は取引を分解して起票する方法，(2) は取引を擬制して起票する方法であり，それぞれ次のような2つの取引からなると考えられる。この場合，(2) が答えの起票方法である。
(1)（借）現　金　80,000　（貸）売　上　80,000：入金伝票
　　（借）売掛金　70,000　（貸）売　上　70,000：振替伝票
(2)（借）売掛金　150,000　（貸）売　上　150,000：振替伝票
　　（借）現　金　80,000　（貸）売掛金　80,000：入金伝票

【問題3】

仕　訳　帳

令和○年		摘　要	元　丁	借　方	貸　方
8	15	諸　口　　　（売　　上）			130,000
		（現　　金）		50,000	
		（売 掛 金）		80,000	

【問題4】

入 金 伝 票　　No. 88　令和 ○年 12月 5日	承認印	主帳印	会計印	係印	印

科目	借入金	入金先	飯能商店　　　　殿

摘　　　　　　要	金額
駿河銀行からの借入れ	1 0 0 0 0 0
合　　　計	￥ 1 0 0 0 0 0

出 金 伝 票　　No. 64　令和 ○年 12月 15日	承認印	主帳印	会計印	係印	印

科目	買掛金	支払先	入間商店　　　　殿

摘　　　　　　要	金額
買掛金の支払い	3 0 0 0 0
合　　　計	￥ 3 0 0 0 0

	金　額	借方科目	摘　　要	貸方科目	金　額
	1 5 0 0 0 0 0	受取手形	九州商店への売掛金回収	売 掛 金	1 5 0 0 0 0 0
	¥ 1 5 0 0 0 0 0		合　　計		¥ 1 5 0 0 0 0 0

振 替 伝 票　令和 ○年 12月 10日　No 77　承認印　主帳印　会計印　係印　印

（解説）仕訳は以下のとおりである。

12月5日	（借）現　　　　金	100,000	（貸）借 入 金	100,000
10日	（借）受 取 手 形	1,500,000	（貸）売 掛 金	1,500,000
15日	（借）買 掛 金	30,000	（貸）現　　　金	30,000

【問題5】

現　　　金

7/15（売 掛 金）	＜ 8 ＞ ［150,000］	7/17（仕　　入）	＜ 11 ＞ ［70,000］

売 掛 金

		7/15（現　　金）	＜ 8 ＞ ［150,000］

支 払 手 形

		7/19（買 掛 金）	＜ 16 ＞ ［200,000］

買 掛 金

7/19（支 払 手 形）	＜ 16 ＞ ［200,000］		

仕　　入

7/17（現　　金）	＜ 11 ＞ ［70,000］		

【問題6】

仕訳日計表

令和○年8月15日　　　　　　1

借　方	勘定科目	貸　方
600	現　　　　　金	275
	当　座　預　金	170
320	受　取　手　形	130
360	売　　掛　　金	120
120	備　　　　　品	
90	支　払　手　形	210
55	買　　掛　　金	130
	未　　払　　金	120
	預　　り　　金	80
	売　　　　　上	780
420	仕　　　　　入	
50	営　　業　　費	
2,015		2,015

現　　金

諸　口	1,400	諸　口	600
8/15 仕訳日計表	600	8/15 仕訳日計表	275

当　座　預　金

諸　口	1,900	諸　口	500
		8/15 仕訳日計表	170

受　取　手　形

諸　口	900	諸　口	400
8/15 仕訳日計表	320	8/15 仕訳日計表	130

売　　掛　　金

諸　口	900	諸　口	400
8/15 仕訳日計表	360	8/15 仕訳日計表	120

備　　品

諸　口	800		
8/15 仕訳日計表	120		

支　払　手　形

8/15 仕訳日計表	90	諸　口	700
		8/15 仕訳日計表	210

買　　掛　　金

諸　口	200	諸　口	900
8/15 仕訳日計表	55	8/15 仕訳日計表	130

未　　払　　金

		諸　口	300
		8/15 仕訳日計表	120

預　　り　金

		諸　口	300
		8/15 仕訳日計表	80

売　　　　上

		諸　口	300
		8/15 仕訳日計表	780

仕　　　入

諸　口	1,300		
8/15 仕訳日計表	420		

営　　業　　費

諸　口	300		
8/15 仕訳日計表	50		

補助元帳

得意先元帳

入　間　商　店			
諸　口	500	諸　口	200
		8/15　入金伝票	120

清　瀬　商　店			
諸　口	400	諸　口	200
8/15　振替伝票	360		

仕入先元帳

飯　能　商　店			
諸　口	50	諸　口	500
8/15　出金伝票	55		

所　沢　商　店			
諸　口	150	諸　口	400
		8/15　振替伝票	130

第17章　決算（2）

【問題1】

繰越商品			
1／1　前期繰越	80,000	12/31　仕　　入	80,000
12/31　仕　　入	110,000	〃　　次期繰越	110,000
	190,000		190,000
1／1　前期繰越	110,000		

仕　　入			
諸　　口	600,000	12/31　繰越商品	110,000
12/31　繰越商品	80,000	〃　　損　益	570,000
	680,000		680,000

売　　上			
12/31　損　　益	900,000	諸　　口	900,000

損　　益			
12/31　仕　　入	570,000	12/31　売　　上	900,000

	借方科目	金　額	貸方科目	金　額
決算整理	仕　　　　入	80,000	繰　越　商　品	80,000
	繰　越　商　品	110,000	仕　　　　入	110,000
損益振替	損　　　　益	570,000	仕　　　　入	570,000
	売　　　　上	900,000	損　　　　益	900,000

【問題2】

	借方科目	金　額	貸方科目	金　額
①	交　　通　　費 雑　　　　　損	10,000 20,000	現　金　過　不　足	30,000
②	貸倒引当金繰入	7,000	貸　倒　引　当　金	7,000
③	仕　　　　　入 繰　越　商　品	460,000 430,000	繰　越　商　品 仕　　　　　入	460,000 430,000
④	減　価　償　却　費	90,000	備品減価償却累計額	90,000
⑤	旅　　　　　費	32,000	仮　　払　　金 現　　　　　金	25,000 7,000
⑥	仮　　受　　金	200,000	前　　受　　金	200,000
⑦	支　払　利　息	2,500	未　払　利　息	2,500
⑧	未　収　利　息	3,300	有　価　証　券　利　息	3,300
⑨	前　払　家　賃	240,000	支　払　家　賃	240,000

（解説）
②貸倒引当金繰入の計算は次のとおりである。

¥500,000 × 3% − ¥8,000 = ¥7,000

④減価償却費の計算は次のとおりである。

$$\frac{¥1,000,000 − （¥1,000,000 × 0.1）}{10 年} = ¥90,000$$

⑦利息の計算は次のとおりである。

$$¥500,000 × 2\% × \frac{1 ヵ月}{12 ヵ月} × 3 ヵ月 = ¥2,500$$

⑨家賃の計算は次のとおりである。

$$¥480,000 × \frac{1 ヵ月}{12 ヵ月} × 6 ヵ月 = ¥240,000$$

【問題3】

精 算 表

勘定科目	試算表 借方	試算表 貸方	修正記入 借方	修正記入 貸方	損益計算書 借方	損益計算書 貸方	貸借対照表 借方	貸借対照表 貸方
現　　　　金	116,000						116,000	
受 取 手 形	45,000						45,000	
売 　掛 　金	35,000						35,000	
繰 越 商 品	30,000		38,000	30,000			38,000	
備　　　　品	120,000						120,000	
支 払 手 形		12,800						12,800
買 　掛 　金		6,000						6,000
借 　入 　金		50,000						50,000
貸 倒 引 当 金		400		2,000				2,400
備品減価償却累計額		36,000		13,750				49,750
資 　本 　金		180,000						180,000
繰越利益剰余金		20,000						20,000
売 　　　上		200,000				200,000		
受 取 手 数 料		800		850		1,650		
仕 　　　入	116,000		30,000	38,000	108,000			
給 　　　料	35,400				35,400			
支 払 家 賃	3,600				3,600			
支 払 保 険 料	720			280	440			
支 払 利 息	4,280		180		4,460			
	506,000	506,000						
貸倒引当金繰入			2,000		2,000			
減 価 償 却 費			13,750		13,750			
（未収）手数料			850				850	
（未払）利息				180				180
（前払）保険料			280				280	
当期純（利益）					34,000			34,000
			85,060	85,060	201,650	201,650	355,130	355,130

（解説）

1 $(45,000 + 35,000) \times 3\% - 400 = 2,000$

（借）貸 倒 引 当 金 繰 入　2,000　（貸）貸 倒 引 当 金　2,000

2 （借）仕　　　　　　　　入　30,000　（貸）繰 越 商 品　30,000

　　　繰 越 商 品　38,000　　　仕　　　　　　　入　38,000

3

$$\frac{120,000 - 10,000}{8\,年} = 13,750$$

（借）減 価 償 却 費　13,750　（貸）備品減価償却累計額　13,750

4 （借）支 払 利 息　180　（貸）未 払 利 息　180

5 （借）未 収 手 数 料　850　（貸）受 取 手 数 料　850

6 （借）前 払 保 険 料　280　（貸）支 払 保 険 料　280

【問題4】

・仕訳の内容を損益計算書と貸借対照表に記入する。

損益計算書

令和○年4月1日から令和○1年3月31日まで

費　用	金　額	収　益	金　額
売 上 原 価	(23,600)	売　上　高	(40,000)
給　　料	(5,300)	受 取 利 息	(1,920)
支 払 家 賃	(3,000)		
支 払 保 険 料	(2,730)		
貸倒引当金繰入	(499)		
減 価 償 却 費	(3,200)		
当 期 純 利 益	3,591		
	41,920		41,920

貸借対照表

令和○1年3月31日

資　産		金　額	負債および純資産	金　額
現　　金		(10,000)	支 払 手 形	(13,000)
普 通 預 金		(9,000)	買 掛 金	(15,000)
当 座 預 金		(20,000)	借 入 金	(20,000)
受 取 手 形	(18,000)		預 り 金	(5,800)
貸 倒 引 当 金	(540)	(17,460)	未 払 費 用	(1,300)
売 掛 金	(15,300)		資 本 金	(30,000)
貸 倒 引 当 金	(459)	(14,841)	繰越利益剰余金	(23,591)
商　　品		(8,400)		
前 払 費 用		(2,070)		
未 収 収 益		(120)		
備　　品	(32,000)			
（減価償却累計額）	(5,200)	(26,800)		
		108,691		108,691

（解説）

1	（借）	仕　　　　　入	8,000	（貸）	繰　越　商　品	8,000
		繰　越　商　品	8,400		仕　　　　　入	8,400
2	（借）	仮　　受　　金	1,700	（貸）	売　　掛　　金	1,700
3	（借）	貸倒引当金繰入	499	（貸）	貸　倒　引　当　金	499

$(18,000 + 17,000 - 1,700) \times 3\% = 999$

$999 - 500 = 499$

$(18,000 \times 3\% = 540)$

$(15,300 \times 3\% = 459)$

4	（借）	減　価　償　却　費	3,200	（貸）	備品減価償却累計額	3,200

$$\frac{32,000 - 0}{10\ 年} = 3,200$$

5	（借）	預　　り　　金	200	（貸）	仮　　払　　金	200
6	（借）	未　収　利　息	120	（貸）	受　取　利　息	120
7	（借）	前　払　家　賃	1,800	（貸）	支　払　家　賃	1,800
		前　払　保　険　料	270		支　払　保　険　料	270
8	（借）	給　　　　　料	1,300	（貸）	未　払　給　料	1,300

【問題5】

精 算 表

(単位：千円)

勘定科目	試算表		修正記入		損益計算書		貸借対照表	
	借方	貸方	借方	貸方	借方	貸方	借方	貸方
現　　　　　金	400						400	
当 座 預 金	28,000						28,000	
売 掛 金	9,000						9,000	
貸 倒 引 当 金		100		170				270
有 価 証 券	32,000						32,000	
繰 越 商 品	3,000		3,200	3,000			3,200	
貸 付 金	18,000						18,000	
備　　　　　品	50,000			4,500			45,500	
買 掛 金		2,700						2,700
前 受 金		1,800						1,800
借 入 金		50,000						50,000
資 本 金		30,000						30,000
繰越利益剰余金		10,000						10,000
売　　　　　上		320,000				320,000		
受 取 利 息		400		500		900		
仕　　　　　入	200,000		3,000	3,200	199,800			
給　　　　　料	60,000		300		60,300			
広 告 費	600				600			
交 通 費	1,200				1,200			
通 信 費	1,000				1,000			
消 耗 品 費	800				800			
支 払 家 賃	10,000			100	9,900			
支 払 利 息	1,000				1,000			
	415,000	415,000						
貸 倒 引 当 金 繰 入			170		170			
減 価 償 却 費			4,500		4,500			
（ 未 収 ） 利 息			500				500	
（ 前 払 ） 家 賃			100				100	
（ 未 払 ） 給 料				300				300
当 期 純 （ 利 益 ）					41,630			41,630
			11,770	11,770	320,900	320,900	136,700	136,700

(解説)

決算整理仕訳は次のとおりである。

1. （借）仕　　　　　入　　3,000　　（貸）繰 越 商 品　　3,000
　　　　　繰 越 商 品　　3,200　　　　　仕　　　　　入　　3,200
2. （借）貸倒引当金繰入　　170　　（貸）貸 倒 引 当 金　　170

$9,000 \times 3\% = 270$

$270 - 100 = 170$

3. （借）減 価 償 却 費　　4,500　　（貸）備　　　　　　品　　4,500

$$\frac{(50,000 - 50,000 \times 0.1)}{10\,年} = 4,500$$

4. （借）未 収 利 息　　500　　（貸）受 取 利 息　　500
5. （借）前 払 家 賃　　100　　（貸）支 払 家 賃　　100
6. （借）給　　　　料　　300　　（貸）未 払 給 料　　300

第18章　証憑による会計処理

【問題1】

	借方科目	金　額	貸方科目	金　額
①	仕　　　　　入	1,000,000	当 座 預 金 買 　掛　 金	400,000 600,000
②	現　　　　　金	2,000,000	売　　　　　上	2,000,000

【問題2】

	借方科目	金　額	貸方科目	金　額
①	売 　掛 　金	110,000	売　　　　　上	110,000
②	売 　掛 　金	55,000	売　　　　　上	55,000
③	クレジット売掛金 支 払 手 数 料	98,000 2,000	売　　　　　上	100,000

【問題3】

	借方科目	金　額	貸方科目	金　額
①	差 入 保 証 金 支 払 家 賃	100,000 50,000	普 通 預 金	150,000
②	備　　　　　品 消 耗 品 費	250,000 20,000	未 　払 　金	270,000
③	仮 払 法 人 税 等	400,000	普 通 預 金	400,000
④	未 払 法 人 税 等	700,000	普 通 預 金	700,000
⑤	仕　　　　　入 仮 払 消 費 税	50,000 5,000	買 　掛 　金	55,000
⑥	現　　　　　金 クレジット売掛金	250,000 300,000	売　　　　　上 仮 受 消 費 税	500,000 50,000

（総合問題）解答

第1問（45点）

	借　　方		貸　　方	
	（記　　号）	金　　額	（記　　号）	金　　額
1	（　ア　）	500,000	（　オ　）	300,000
	（　ウ　）	50,000	（　カ　）	250,000
	（　　　）		（　　　）	
	（　　　）		（　　　）	
2	（　ア　）	500,000	（　オ　）	500,000
	（　　　）		（　　　）	
	（　　　）		（　　　）	
	（　　　）		（　　　）	
3	（　カ　）	100,000	（　イ　）	100,000
	（　　　）		（　　　）	
	（　　　）		（　　　）	
	（　　　）		（　　　）	
4	（　ア　）	300,000	（　ウ　）	300,000
	（　　　）		（　　　）	
	（　　　）		（　　　）	
	（　　　）		（　　　）	
5	（　ウ　）	110,000	（　オ　）	120,000
	（　ア　）	10,000	（　　　）	
	（　　　）		（　　　）	
	（　　　）		（　　　）	
6	（　エ　）	10,000	（　ウ　）	9,940
	（　　　）		（　カ　）	60
	（　　　）		（　　　）	
	（　　　）		（　　　）	
7	（　カ　）	30,000	（　ウ　）	30,200
	（　オ　）	200	（　　　）	
	（　　　）		（　　　）	
	（　　　）		（　　　）	
8	（　イ　）	600,000	（　ア　）	1,000,000
	（　エ　）	500,000	（　カ　）	100,000
	（　　　）		（　　　）	
	（　　　）		（　　　）	
9	（　ア　）	420,000	（　エ　）	400,000
	（　　　）		（　ウ　）	20,000
	（　　　）		（　　　）	
	（　　　）		（　　　）	
10	（　イ　）	250,000	（　エ　）	250,000
	（　　　）		（　　　）	
	（　　　）		（　　　）	
	（　　　）		（　　　）	

142

	借方	金額	貸方	金額
11	(カ)	30,000	(イ)	30,000
	( )		( )	
	( )		( )	
	( )		( )	
12	(ウ)	50,000	(カ)	50,000
	( )		( )	
	( )		( )	
	( )		( )	
13	(ウ)	500,000	(エ)	495,000
	( )		(オ)	5,000
	( )		( )	
	( )		( )	
14	(エ)	280,000	(オ)	280,000
	( )		( )	
	( )		( )	
	( )		( )	
15	(ア)	30,000	(ウ)	10,000
	( )		(カ)	20,000
	( )		( )	
	( )		( )	

第2問（20点）

（1）（12点）

日付 帳簿	現金出納帳	当座預金出納帳	商品有高帳	売掛金元帳	買掛金元帳	仕入帳	売上帳	受取手形記入帳	支払手形記入帳
9 6		○	○		○	○			○
10	○		○	○			○	○	
18				○			○		
22			○			○			○

（解説）

取引の仕訳を示すと以下のとおりである。

6日	（借）	仕	入	510,000	（貸）	支 払 手 形	150,000
						買 掛 金	350,000
						当 座 預 金	10,000
10日	（借）	受 取 手 形	400,000		（貸）	売 上	600,000
		売 掛 金	200,000			現 金	20,000
		発 送 費	20,000
18日	（借）	売 上	20,000		（貸）	売 掛 金	20,000
22日	（借）	仕	入	200,000	（貸）	支 払 手 形	200,000

（2）（8点）

支払手数料

5/1	（現 金）	（300,000）	3/31	（前払手数料）	（50,000）
11/1	（現 金）	（300,000）	〃	（損 益）	（550,000）
		（600,000）			（600,000）

前払手数料

3/31	（支 払 手 数 料）	（50,000）	3/31	**（次 期 繰 越）**	**（50,000）**

（解説）

仕訳を示すと以下のとおりである。

5/1	（借）	支 払 手 数 料	300,000	（貸）	現 金	300,000
11/1	（借）	支 払 手 数 料	300,000	（貸）	現 金	300,000
3/31	（借）	前 払 手 数 料	50,000	（貸）	支 払 手 数 料	50,000
	（借）	損 益	550,000	（貸）	支 払 手 数 料	550,000

第3問（35点）（各3点　当期純利益5点）

精　算　表

（単位：千円）

勘定科目	試算表		修正記入		損益計算書		貸借対照表	
	借方	貸方	借方	貸方	借方	貸方	借方	貸方
現　　　　　金	99,000		1,500				100,500	
当　座　預　金	120,000						120,000	
受　取　手　形	30,000						30,000	
売　　掛　　金	80,000		10,000				90,000	
仮　　払　　金	6,000			6,000				
貸　　付　　金	60,000						60,000	
繰　越　商　品	50,000		45,000	50,000			45,000	
備　　　　　品	200,000						200,000	
支　払　手　形		62,800						62,800
買　　掛　　金		60,000						60,000
借　　入　　金		360,000						360,000
貸　倒　引　当　金		1,200		1,200				2,400
備品減価償却累計額		36,000		18,000				54,000
資　　本　　金		80,000						80,000
繰　越　利　益　剰　余　金		20,000						20,000
売　　　　　上		220,000				220,000		
受　取　利　息		10,000				10,000		
仕　　　　　入	120,000		50,000	45,000	125,000			
支　払　家　賃	28,000			10,000	18,000			
給　　　　　料	20,000				20,000			
旅　費　交　通　費	12,000		4,500		16,500			
支　払　手　数　料	13,000			2,500	10,500			
支　払　利　息	12,000		2,500		14,500			
合　　　　　計	850,000	850,000						
（　前　受　金　）				10,000				10,000
貸倒引当金（繰入）			1,200		1,200			
減　価　償　却　費			18,000		18,000			
（　前　払　）　家　賃			10,000				10,000	
（　未　払　）　利　息				2,500				2,500
（　未　払　）　手　数　料			2,500				2,500	
当　期　純　（　利　益　）					6,300			6,300
合　　　　　計			145,200	145,200	230,000	230,000	658,000	658,000

（解説）

決算整理事項を仕訳で表わすと以下のとおりである。

1. （借）　仕　　　　　入　　*50,000*　　（貸）　繰　越　商　品　*50,000*
　　　　　繰　越　商　品　　*45,000*　　　　　　仕　　　　　入　　*45,000*
2. （借）　旅　費　交　通　費　　*4,500*　　（貸）　仮　　払　　金　　*6,000*
　　　　　現　　　　　金　　*1,500*
3. （借）　売　　掛　　金　　*10,000*　　（貸）　前　　受　　金　　*10,000*
4. （借）　貸倒引当金繰入　　*1,200*　　（貸）　貸　倒　引　当　金　　*1,200*

　　貸倒見積額：（¥ *30,000* ＋ ¥ *80,000* ＋ ¥ *10,000*）× 2％ ＝ ¥ *2,400*
　　当期繰入額：¥ *2,400* － ¥ *1,200* ＝ ¥ *1,200*

5. （借）　減　価　償　却　費　　*18,000*　　（貸）　備品減価償却累計額　　*18,000*

$$減価償却費 = \frac{¥\,200,000 - ¥\,200,000 \times 10\%}{10\,年} = ¥\,18,000$$

6. （借）　前　払　家　賃　　*10,000*　　（貸）　支　払　家　賃　　*10,000*
7. （借）　支　払　利　息　　*2,500*　　（貸）　未　払　利　息　　*2,500*
8. （借）　支　払　手　数　料　　*2,500*　　（貸）　未　払　手　数　料　　*2,500*

索　引

《著者略歴》

孔　炳龍（Kong Byeong Yong）

1987 年	中央大学商学部会計学科卒業
	中央大学大学院商学研究科博士前期課程入学
1993 年	中央大学大学院商学研究科博士後期課程満期退学
	小樽女子短期大学（1999 年〜小樽短期大学に校名変更）
	経営実務科専任講師・助教授を経て
2004 年	駿河台大学経済学部助教授
2006 年	駿河台大学経済学部教授
2009 年	博士（会計学・中央大学）
2013 年	駿河台大学経済経営学部教授
	延世大学校経営大学客員教授（2013 年 8 月〜2014 年 3 月）

主要著書

『財務諸表開示行動と投資者心理』創成社，2023 年

『法人税法概論法的ロジックと税務情報』（共著）創成社，2022 年

『時価会計論 2 つの時価会計』創成社，2021 年

『会計情報と簿記原理』創成社，2020 年

『会計と心理行動経済学からみる会計学』デザインエッグ社，2019 年

『経営者財務会計行動論行動経済学からみる会計学』デザインエッグ社，2019 年

『相対的真実性 GS からみる会計学』デザインエッグ社，2018 年

『財務会計理論と一般意味論地図は現地ではない？』デザインエッグ社，2018 年

『一般意味論からみる財務会計基礎理論交差分類から紐解く諸説の発生理由』デザインエッグ社，2017 年

『一般意味論からみる簿記原理』創成社，2014 年

『経営者利益予測情報論—包括利益の有用性について—』森山書店，2008 年

『新版財務会計論』（共著）税務経理協会，2013 年

『財務会計の進展』（共著）税務経理協会，1999 年

『財務諸表の基本』（共著）税務経理協会，1999 年

『新版現代会計用語辞典』（共著）税務経理協会，2016 年

「一般意味論からみる財務会計基礎理論—資本と利益の区分について—」『會計』第 189 巻第 6 号，2016 年

「減損損失の未実現に関する事実解明理論の構築」『會計』第 178 巻第 3 号，2010 年

「減損会計情報の有用性に関する一考察」『會計』第 171 巻第 4 号，2007 年

「アメリカ経営者利益予測情報の有用性—強制開示に向けて—」『産業経理』第 62 巻第 2 号，2002 年

（検印省略）

2023 年 9 月 20 日　初版発行　　　　　　　　略称―ファーストステップ

ファーストステップ簿記3級問題集

著　者　孔　　炳龍
発行者　塚田尚寛

発行所　東京都文京区　　**株式会社　創成社**
　　　　春日 2 − 13 − 1
　　　　電　話 03（3868）3867　　Ｆ Ａ Ｘ 03（5802）6802
　　　　出版部 03（3868）3857　　Ｆ Ａ Ｘ 03（5802）6801
　　　　http://www.books-sosei.com　振　替 00150-9-191261

定価はカバーに表示してあります。

©2023 Kong Byeong Yong　　　　組版：スリーエス　　印刷：エーヴィスシステムズ
ISBN978-4-7944-1588-2　C3034　製本：エーヴィスシステムズ
Printed in Japan　　　　　　　　落丁・乱丁本はお取り替えいたします。

──────────── 簿記・会計学選書 ────────────

ファーストステップ簿記３級問題集	孔　炳　龍	著	2,100 円
財 務 諸 表 開 示 行 動 と 投 資 者 心 理	孔　炳　龍	著	2,300 円
法 人 税 法 概 論 ― 法 的 ロ ジ ッ ク と 税 務 情 報 ―	渡　辺　充 高　野　一　監修 孔　炳　龍　著		2,600 円
時 価 会 計 論 ― ２ つ の 時 価 会 計 ―	孔　炳　龍	著	2,700 円
税 務 会 計 論	柳　裕　治	編著	2,800 円
企 業 簿 記 論	中　島　真　澄 高　橋　円　香　著 柴　野　宏　行		2,300 円
ニ ュ ー ス テ ッ プ ア ッ プ 簿 記	大　野　智　弘	編著	2,700 円
基 礎 か ら 学 ぶ ア カ ウ ン テ ィ ン グ 入 門	古　賀・遠　藤 片　桐・田　代　著 松　脇		2,600 円
会 計・フ ァ イ ナ ン ス の 基 礎・基 本	島　本・片　上 粂　井・引　地　著 藤　原		2,500 円
学 部 生 の た め の 企 業 分 析 テ キ ス ト ― 業 界・経 営・財 務 分 析 の 基 本 ―	髙　橋　聡 福　川　裕　徳　編著 三　浦　敬		3,200 円
日 本 簿 記 学 説 の 歴 史 探 訪	上　野　清　貴	編著	3,000 円
全 国 経 理 教 育 協 会 公 式 簿 記 会 計 仕 訳 ハ ン ド ブ ッ ク	上　野　清　貴 吉　田　智　也	編著	1,200 円
管 理 会 計 っ て 何 だ ろ う ― 町 の パ ン 屋 さ ん か ら ト ヨ タ ま で ―	香　取　徹	著	1,900 円
原 価 会 計 の 基 礎 と 応 用	望　月　恒　男 細　海　昌　一　郎	編著	3,600 円
工 業 簿 記・原 価 計 算 の 解 法	中　島　洋　行 薄　井　浩　信	著	2,500 円
コ ン ピ ュ ー タ 会 計 基 礎	河　合・櫻　井 成　田・堀　内	著	1,900 円
ゼ ミ ナ ー ル 監 査 論	山　本　貴　啓	著	3,200 円
は じ め て 学 ぶ 国 際 会 計 論	行　待　三　輪	著	1,900 円
私 立 大 学 の 会 計 情 報 を 読 む ― 成 長 の 源 泉 を 求 め て ―	小　藤　康　夫	著	2,000 円

(本体価格)

──────────── 創 成 社 ────────────